D'un pays à l'autre

De la Bretagne à l'Aquitaine

Des Bretons en vallée du Dropt

Éditions Récits

Les Yeux des Rays
22150 Langast
Tel. : 02 96 26 86 59
www.vosrecits.com

ISBN 978-2-918945-10-9

Dépôt légal : 2ème trimestre 2011

Préface

En septembre 1921, une crise majeure va bouleverser la Bretagne. Elle prendra le nom de *crise des fermes*. On imagine mal, aujourd'hui, le traumatisme causé à cette population paysanne contrainte de s'exiler loin de sa terre natale.

Lorsqu'ils laissèrent les tombes de leurs ancêtres, seules face aux vents de la mer d'Iroise, ou dans les monts graniteux de la Bretagne intérieure, beaucoup savaient qu'ils ne reviendraient pas.

Des milliers de paysans, fermiers pour la plupart, allaient se retrouver, du jour au lendemain, privés de leurs terres, des familles entières, souvent nombreuses comme il en existait un grand nombre en Bretagne à cette époque.

Dès le mois de juin 1921, une grande migration s'organisa vers le sud de la France, où les friches, par manque de main d'œuvre, gagnaient sur les terres cultivées. Des familles entières s'installèrent en Aquitaine. Des centaines d'entre-elles s'établirent en Dordogne, des dizaines dans la région d'Eymet.

Ici, dans le Sud-Ouest où nous sommes nés, où nous avons grandi, descendants de Bretons, cette trace de l'histoire manquait. Il ne fallait pas que cette mémoire bretonne disparaisse à jamais. Ces paysans bretons n'avaient que rarement parlé de leur histoire, enfermés durant des générations dans les blessures profondes causées par leur départ, vécu parfois comme un abandon. Les gens de la terre sont par nature méfiants, et souvent peu loquaces comme le sont les Bretons. Même à leurs enfants, ils ne se confièrent guère.

Nos livres d'histoire témoignent rarement de la souffrance du monde paysan. Il était encore temps de recueillir ces parcelles de vies, il est bon aussi de se souvenir d'où l'on vient. Ces témoignages auront un écho, c'est certain, au-delà du Périgord, sur cette terre de Bretagne où l'on revendique haut et fort la culture et l'histoire.

Sylvain Le Bail

Sylvain Le Bail est auteur d'une dizaine d'ouvrages dont :

- Cœurs de Breizh - La crise de 1921
  (Editions Les oiseaux de papier - juin 2009)
- La Lande perdue (Editions Les oiseaux de papier - juin 2010)
- Lettre de Groix (Editions le bord de la vie - mai 2011)

Les Bretons en vallée du Dropt

Né en Périgord, le Dropt se jette dans le fleuve Garonne après avoir arrosé la Guyenne et l'Entre-deux-Mers. La rivière traverse trois départements de la Région Aquitaine : la Dordogne, le Lot-et-Garonne et la Gironde.

C'est essentiellement le long du Dropt, dans le sud de la Dordogne et le nord du Lot-et-Garonne autour de la Bastide d'Eymet, que les Bretons rencontrés sont arrivés à partir des années 20.

Ce sont eux qui nous livrent leurs témoignages de cette migration : de la Bretagne à l'Aquitaine.

Merci à toutes celles
et à tous ceux
qui nous ont confié
leurs souvenirs
à travers ces
témoignages.

Nous avons choisi de transcrire ces témoignages en restant le plus fidèle possible à la parole et l'expression de chacun. Bien que proposés à la lecture, ces récits demeurent dans le domaine de l'oralité.

Quelques témoignages sont à deux, voire trois voix. Chaque voix est distinguée par une police de caractères différente.

De Lampaul-Ploudalmézeau – Finistère - en 1922
à Gageac Rouillac - Dordogne.

J'avais treize mois, on a migré en septembre 22. J'étais le neuvième enfant d'une famille de dix. J'ai encore un frère qui a deux ans de moins que moi, je suis né le 14 août 21, il est né le 17 août 23.

Mes parents ont tout vendu là-bas sur place. Mais avant ça, mon père avait fait partie des voyages qui venaient ici dans la région pour prospecter, pour chercher les fermes. Quand il est revenu en Bretagne, il leur a dit :

Là-bas, c'est le paradis, il y a des fruits, il y a du raisin, de tout ce qu'on n'a pas en Bretagne.

Déjà, il les préparait pour venir.

Mes parents arrivaient de Lampaul-Ploudalmézeau, à trois kilomètres de Ploudalmézeau. On avait une petite propriété de quatre hectares, alors comme on était neuf enfants plus deux cousins orphelins recueillis par mes parents, on était onze voyez. Onze dans une toute petite maison où il y avait le bétail aussi.

Ces cousins avaient dix-huit et vingt ans, je crois, quand on a migré. Alors ils sont allés dans la marine, ils n'ont pas suivi. Et oui, c'est ce qu'on aurait fait certainement si on était restés en Bretagne. C'était le débouché qu'il y avait. On n'aurait pas fait des paysans à ce moment là.

Là-bas, mon pauvre père était garde-champêtre. Il ne savait pas bien lire et écrire, c'était mon frère aîné qui faisait les procès verbaux quand il y en avait un. À chaque fois qu'ils allaient chercher du goémon pour nourrir les terres, ils m'emmenaient parce qu'on avait droit à une certaine quantité par personne pour l'année, alors on m'emmenait pour en avoir un peu plus.

Nous, je l'ai jamais entendu dire par mes frères, on n'était pas malheureux. Il y avait de quoi manger quand même. On tuait les cochons, il y avait le lait, c'était tout à fait différent d'ici.

Alors mes parents ont su qu'il y avait la possibilité de venir ici, qu'il y avait des terres. Là-bas, beaucoup de bras mais peu de terres, ici beaucoup de terres mais plus de bras, c'est comme ça que la migration s'est faite. C'était une organisation. Le comte Hervé De Guébriant, qui était je crois de Saint Pol de Léon, grand responsable syndical, s'était trouvé dans une réunion agricole à Strasbourg, le Congrès National. Avec d'autres personnes, il avait su qu'ici il y avait beaucoup de terres mais plus de bras. Avant, les migrants bretons partaient surtout vers le Canada.

Mon père est venu et il a d'abord trouvé une propriété à Gageac Rouillac en Dordogne.

Ils sont venus seuls de la famille, pas de frères et sœurs, pas de cousins, ils sont tous restés en Bretagne.

On est venus en train, on a débarqué à Gardonne. Alors tous ceux qui savaient marcher sont partis à pied pour aller à la ferme.

Pour les petits et ma mère, il y avait une voiture qui nous attendait. C'est le propriétaire qui les a accueillis, ils ont été très, très bien accueillis. Un prêtre s'était occupé d'eux aussi. Au début, c'était l'abbé Lanchez, après l'abbé Mévellec, il est mort centenaire à peu près. Il visitait les Bretons, il passait nous voir périodiquement. À Seyches, tous les ans il y avait une messe parce qu'il y avait beaucoup de familles bretonnes dans le quartier de Seyches, Allemans, Monteton, Cambes. Il y avait presque la moitié des fermes qui étaient tenues par des Bretons.

À notre arrivée, c'était la période des vendanges et le lendemain tous mes frères qui avaient huit ans ou plus sont allés les faire. Mes parents, la vigne, ils ne connaissaient pas du tout. Ils sont restés là cinq ans, je crois. Après ils ont pris une propriété à Saussignac et encore après, ils sont partis dans le Bergeracois, dans des grandes fermes. On travaillait deux propriétés le long de la Dordogne, on a eu plus de quarante hectares.

Maman était très contente qu'on soit venu dans le Périgord. Elle portait le lait tous les matins à Bergerac, elle allait quartier Saint

Jacques. Elle y allait en bretonne, avec la coiffe. Mes parents parlaient breton, français pas tellement, entre eux ils parlaient breton. Ça a posé un peu de problème pour communiquer mais il y avait déjà une famille bretonne, ils se visitaient beaucoup, d'ailleurs il y a eu plusieurs mariages entre ces deux familles. Les aînés aussi parlaient breton. Mon frère aîné est né en 4 et on a migré en 22, ils parlaient breton mais ils parlaient français aussi.

On est tous restés à la terre sauf un de mes frères qui était prêtre, une vocation tardive. Il a passé son bac à trente-quatre ans, il était docteur en droit, licencié es lettres.

Mon père est revenu en Bretagne pour acheter du cheptel, des chevaux et quelques vaches aussi. Ma mère, elle parlait de la vie en Bretagne, c'était différent d'ici. Tout le monde allait à la messe en Bretagne. Mais après ils avaient tourné la page, il y avait une telle misère là-bas.

Maman faisait la tournée de lait à Bergerac. Je l'ai accompagnée quelquefois, j'avais six, sept ans. Elle avait une petite voiture à deux roues. Elle mettait les bidons de lait là et puis après on allait faire le tour. Moi, j'aimais bien. Elle allait faire aussi le marché le samedi, tout le long de Notre-Dame. Elle vendait de la charcuterie et du beurre, de la volaille. Je ne mange que du beurre salé mais pas trop, à deux pour cent, l'autre je le trouve fade.

Mon père est mort d'un cancer, j'avais onze ans.

C'est mon frère aîné qui a pris la direction, il n'était pas marié. Il y avait encore six frères qui ont travaillé ensemble la propriété parce qu'on avait un très gros élevage de vaches et de chevaux. On avait un cheptel d'une soixantaine de bêtes à cornes et une vingtaine de chevaux. Mais les brettes[1] avaient mauvaise réputation. Quand il y avait des cas de tuberculose, souvent les autres disaient que ça venait des brettes.

---

1 Vaches bretonnes.

On travaillait tout avec les chevaux, il n'y avait pas de tracteurs. On faisait surtout les céréales et il y avait beaucoup de pâturages. Tout le long de la Dordogne, c'étaient des prés. La traite, c'étaient mes sœurs, et moi à dix ans, en revenant de l'école, j'allais aider aussi, le soir, pas le matin, mais le soir.

On avait prêté de la terre pour faire le premier terrain de basket du club du patronage de la Madeleine, le club Stella. Au départ, il n'y avait pas de filles. Plus tard, j'ai été le premier entraîneur de l'équipe de filles, j'ai toujours été capitaine. Quand il y avait des matchs, avec mon frère on allait sortir les bouses de vaches, depuis ça a évolué. Et puis on avait des responsables au club, moi j'avais perdu mes parents très jeunes mais c'était un peu comme mes parents. Il y avait aussi des prêtres.

Ça fait partie des anecdotes des Bretons. Un jour de la Fête-Dieu, les prêtres sortaient en ville pour la procession. Un des abbés s'est fait « croaquer » depuis une chambre, croaquer, c'est le cri du corbeau. Dans la rue vous faisiez croaaa, croaaa, c'était le signe anticlérical. Il s'est fait croaquer d'une chambrée, ni une ni deux, il est monté.

Mes sœurs aussi nous aidaient au travail parce qu'à ce moment-là il n'y avait pas de désherbant. On faisait beaucoup de betteraves et il fallait sarcler et alors, oui, elles nous aidaient dehors et elles s'occupaient aussi de la cuisine, du ménage. J'ai travaillé là avec mes frères jusqu'à mon mariage.

En 1945, j'ai connu mon épouse. On s'est mariés en 1946, et depuis, je suis ici à Allemans du Dropt. Quand je me suis marié, j'ai eu deux vaches et trois chevaux. Je suis venu à pied depuis Bergerac, j'ai mis huit heures. Ici, il y avait des garonnaises, j'avais amené deux normandes et petit à petit, on a acheté un tracteur et on a développé l'élevage normand. On l'a vraiment bien développé parce qu'on avait un des meilleurs élevages du sud-ouest.

Mon beau-père, c'était un homme charmant, il m'a laissé les rênes. Il n'était pas tellement disposé à faire le paysan. Quand je suis arrivé, il y avait onze hectares de vignes. Je n'avais jamais tenu un sécateur de ma vie, mon beau-père m'a appris. Les gens du pays disaient que le premier travail des Bretons quand ils arrivaient sur une ferme, c'était d'arracher la vigne mais que, par contre ils buvaient bien le vin. En Bretagne, ils buvaient beaucoup aussi mais occasionnellement. Ils allaient boire le dimanche à tour de rôle. Tout le monde vendait du vin. Comme distraction, il n'y avait rien à cette époque. En général, les Bretons buvaient beaucoup. Fallait les voir les jours de battage les Bretons, il y en avait la moitié qui étaient bourrés !

Ici, il y avait beaucoup de vignes dans la région, le vin partait vers Bordeaux puisque le Dropt était navigable. À la fin du siècle dernier, le pays avait été ruiné par le phylloxera. L'arrière-grand-père de ma femme avait un beau-frère qui s'était installé tout près d'ici, au bout du chemin, là. Ils ont mis leurs économies en commun un jour pour acheter la première faucheuse. Ils faisaient les moissons à la faucille jusque-là. Donc, ils ont acheté une faucheuse pour faucher les blés et avec l'argent qu'ils ont recueilli, ils sont partis à Marseille voir les premiers plans de vignes qui arrivaient d'Amérique, résistants au phylloxera. À partir de là, ils ont créé une pépinière pour replanter le vignoble. Le malheur veut que le beau-frère soit mort très rapidement de la typhoïde et l'arrière-grand-père est resté tout seul avec son projet. Il l'a mené à terme, il a replanté toutes les vignes de la région. C'était à la fin du siècle dernier et les pépinières ont été arrêtées un peu avant la guerre de 14.

Comme c'était des petites propriétés, on se donnait des coups de main, nous avec le matériel et eux avec leurs bras. Quand je suis arrivé ici, il y avait quand même trois propriétés et il n'y avait pas beaucoup de matériel. Alors après quelques temps, j'ai dit à mon beau-père :

— Mais si on essayait de voir si on peut pas s'entendre pour acheter du matériel en commun…

Alors j'ai invité les voisins. On a acheté du matériel en commun en 1948, et plus tard, on a monté une C.U.M.A. C'est parti de ça.

Celui qui avait dix hectares prenait dix parts, celui qui avait trente hectares prenait trente parts et on s'entraidait, on achetait du matériel. C'était du matériel pour la fenaison. Après, on s'entraidait pour rentrer les récoltes. On travaillait beaucoup ensemble. On s'est toujours très bien entendus et quand on a monté la C.U.M.A., on était un groupe très soudé.

Si les Bretons et les Italiens n'étaient pas venus, cela aurait été un désert ici, un désert. Il y avait beaucoup de fermes sans successeurs. C'était le résultat de la politique de l'enfant unique pendant des années.

Beaucoup de ces enfants étaient morts à la guerre, des fils uniques, mais il y en avait aussi qui faisaient des études, autre chose... Le gros drame, ça avait été la guerre de 14 qui a fait que partout où il y avait un fils unique agriculteur, il y avait des fermes en friche.

Ah ! Mais il ne fallait qu'un enfant pour qu'il soit plus riche, pour qu'il n'y ait pas besoin de partager ! Ma femme, elle a eu affaire à une voisine quand elle attendait notre troisième. Elle lui a dit que c'était pour toucher les allocations ! Pour elle, on ne pouvait attendre un enfant que pour toucher de l'argent. On l'a connue cette mentalité.

On ne peut que se réjouir de ce trajet qu'on a fait. Quel courage il leur a fallu pour tout quitter là-bas !

Voilà le tour qu'on a fait, c'est vrai, on est heureux et surtout avec la continuité sur l'exploitation.

J'y ai travaillé jusqu'à soixante-dix ans.

Je fais encore ma petite vigne, pour moi, c'est une distraction.

Il y a très peu de famille là-bas, elle est ici maintenant ; elle commence à marquer plus la présence ici. On y a plus de souvenirs que là-bas. Moi je me sens très heureux, j'ai une femme charmante, excellente cuisinière et je fais encore partie de la chorale.

Je me sens d'ici.

Les Bretons vus de
Saint-Aubin-de-Cadelech – Dordogne

Je suis né à Saint Aubin, à côté de la mairie, en 1922.
J'étais enfant quand les Bretons sont arrivés.
Je les connaissais à peu près tous.

Ils faisaient des repas entre eux et mon père avait une camionnette qui pouvait transporter des personnes alors il était souvent requis pour amener les familles et les rassembler pour faire la bringue. Une année c'était là, une autre c'était ailleurs. Ils faisaient des repas entre eux, trois ou quatre familles. J'y suis allé quelquefois. Mon père était invité alors s'il y en avait un de mon âge à peu près, j'étais invité aussi. Ils chantaient, à la fin du repas, des chansons bretonnes et nous on les apprenait. Avec eux, c'était facile, on se comprenait tout de suite. Ils parlaient bretons mais ils parlaient français aussi.

Les Bretons travaillaient avec les chevaux. On en avait aussi mais ce n'était pas des chevaux pour le travail. Autrement, dans presque toutes les maisons, il y avait un cheval pour aller faire les courses, pour aller sur la route. Nous, pour le travail, c'était les vaches, ça n'allait pas vite.

À l'école, tout le monde était mélangé. Mais quelquefois, il y avait deux camps, ceux d'ici et puis les Bretons et les Italiens. Quelquefois ça faisait trois camps. On se bagarrait mais on ne tapait pas fort. Moi je n'étais pas tellement doué d'ailleurs ni pour les bagarres, ni pour l'écriture.

Je suis un gars qui a toujours été gelé, j'ai toujours eu froid. Alors je m'arrangeais pour attraper des lignes de façon que l'instituteur me mette une punition. Il fallait faire les lignes pendant la récréation. J'étais heureux, je me mettais à côté du poêle, je faisais les lignes mais je me chauffais. J'avais fabriqué un stylo qui faisait deux lignes à la fois. L'été, de toute façon, je n'avais jamais trop chaud, il y avait de l'ombre, des acacias.

Je faisais toutes les conneries qu'on pouvait faire, j'étais impossible pour l'instituteur, je le reconnais. Alors je suis parti de là, le Certificat d'Études pointé. Pas de Certificat d'Études, ça commençait à me faire peur mais l'instituteur disait à mes parents :

— Oh mais, ne vous inquiétez pas, vous avez une propriété là. Pour faire un cultivateur, il n'y a pas besoin d'avoir le certificat d'études !

Mes parents m'ont mis alors à l'école libre et là forcément, l'instituteur libre s'est occupé de moi et je l'ai eu mon certificat.

Quand un gars achetait une propriété alentour, tous les pays d'ici, en patois, ils disaient :

— Est-ce que c'est un Français ou un Breton ?

Alors ça ne faisait pas tellement plaisir aux Bretons. Il y en a qui le prenaient bien, d'autres moins bien.

Mais les enfants sont allés à l'école avec tout le monde et ça a été fini, ça n'a pas duré longtemps.

Une fête bretonne importante, c'était à Cadelech, quand ils ont changé la cloche. Ils ont fait une fête assez gigantesque. La cloche était fêlée, elle ne chantait pas bien. Il y avait longtemps qu'elle était fêlée, alors un beau jour, c'était décidé, ils allaient réparer cette cloche. Pour la réparer, il fallait la fondre, il fallait la démonter, alors avec un palan qu'avait fabriqué mon père, on l'a descendue du clocher et on l'a posée par terre. Un Çamion est venu pour l'amener à la fonderie. Ils avaient emporté la cloche mais ils avaient laissé le battant. C'était un bazar, le battant, ça pesait comme tout. À l'époque, il y en avait un qui avait une voiture avec un coffre derrière qui s'ouvrait comme une valise. On a mis le battant de la cloche dans ce coffre et, un peu plus tard, il a dit :

— Il faut que je regarde mes soupapes parce qu'elle ne tire plus cette voiture, elle monte plus la côte !

Puis un beau jour, il s'est aperçu qu'il avait le battant de la cloche dans le coffre ! On a remis en place la cloche réparée et tous les Bretons se sont rassemblés pour cette fête.

Les autres fêtes, le Pardon, comme ils appelaient ça, je n'y suis pas tellement allé. C'était à Cadelech. Je n'allais plus beaucoup à la messe à ce moment-là. Ma maman, elle n'y allait pas non plus, comment elle y serait allée ? Elle était dévote bien comme il faut, elle allait à la messe mais autrement non. Quand il n'y avait pas de messe à Cadelech, ils venaient à Saint-Aubin.

Ils faisaient beaucoup de laitages, de beurre. Une Bretonne, elle portait le lait tous les matins à Saint-Aubin, dans le bourg. Chacun avait droit à sa mesure de lait. Elle y allait avec son vélo et puis le bidon. Elle faisait du beurre aussi et ils allaient vendre au marché à Bergerac, à vélo. Elle racontait qu'une fois, dans la côte de Tire-cul, ses freins avaient lâché. Elle avait pris de la vitesse sans doute, alors elle a pris le talus et elle s'est retrouvée dans les vignes. Son père, il ne rigolait pas le pépé !

J'avais un bon copain breton, on faisait du vélo ensemble, et même des conneries. On récupérait des vélos, des vieilles roues de « pétassou » comme on dit. En bas, il y avait celui qui réparait les vélos, alors on y allait. Il y avait toujours une bricole à faire, un câble de frein à changer, une roue qui tournait plus…

En général, il travaillait. Sitôt qu'il a su conduire un cheval, il a fallu atteler la charrette et puis charrier le foin, etc… Moi, mon père faisait quelques transports, il servait d'épicier. Il faisait venir des grosses meules de fromage et il coupait avec le fil. Quelquefois, je le suivais dans ses tournées.

J'ai commencé à travailler après la guerre. Je suis resté à l'école jusqu'à la débâcle, alors le jour de la débâcle, je suis revenu de Marmande.

Mais ce n'est plus l'histoire des Bretons ça, c'est autre chose…

Les mélanges se sont faits, oui.

Il y avait une famille d'Italiens, des familles bretonnes et d'autres un peu plus loin. Oh ! Ils ne sont pas arrivés d'un seul coup mais les uns après les autres. On ne cherchait plus à savoir si l'un était Breton ou Italien. Quand on était en train de faire passer les gerbes, chacun son tour, on ne regardait pas si c'était un Breton ou un autre. Il n'y a jamais eu de problèmes, la machine à battre passait chez tout le monde, tout le monde avait besoin de tout le monde.

Ça s'est mélangé forcément parce que, quand les gosses arrivent à quatre-vingt-dix ans, tu peux croire que là, on a eu le temps de réfléchir.

**De Lampaul-Ploudalmézeau – Finistère - en 1922
à Gageac-Rouillac – Dordogne.**

Je suis né à Gageac Rouillac, dans le Çanton de Sigoulés, en 1923.

Mes parents sont arrivés fermiers chez le comte de Gageac-Rouillac et quand je suis né, son fils a été mon parrain. Mes parents sont descendus du train à Gardonne et ensuite, ils sont allés à Gageac-Rouillac. En route, ils ont vu des gens qui vendangeaient un champ de vignes, c'étaient des Bretons. Ils étaient arrivés un an avant. Ils ont sympathisé, d'ailleurs il y a eu des mariages entre les deux familles. Ce sont les premiers qu'ils ont rencontrés en arrivant.

En Bretagne, ils n'avaient que neuf enfants, tous logés dans une petite maison et quand ils sont arrivés à Gageac-Rouillac, c'était la même chose. J'avais six frères, trois sœurs, moi je suis le dixième. Mon parrain lui, avait un magnifique château, le château de Gageac et nous, on était dans une toute petite maison. On était tassés quoi. Ça a été un changement non pas en tant que Breton mais en tant que paysan. Là-bas, en Bretagne mes parents n'avaient pas assez de terre et il y avait trop d'hommes. Ici, après la guerre, il y avait des fermes sans fermiers. C'est pour ça qu'il y a des Bretons ici et aussi des Italiens.

Des organismes agricoles avaient communiqué, mon père s'était mis en rapport avec eux. Ce sont des personnalités qui ont traité les terres. J'avais un frère, l'aîné de la famille, il avait dix-neuf ans, il est venu avant dans le Périgord tâter le terrain et on lui a proposé cette terre pour toute la famille. Après on est tous venus.

Ce qui était intéressant, combien de fois je l'ai entendu dire : « Tout juste si on pouvait vivre en Bretagne et on est arrivés chez le comte qui avait des grands vignobles. » Ils sont arrivés en septembre 1922 et lui commençait les vendanges. Alors mes frères et sœurs sont allés vendanger. Ils étaient payés, alors pour mes parents qui en

Bretagne n'avait pas de sous, tous les jours il y en avait un peu. Ils ne connaissaient pas mais c'est simple comme tout les vendanges, un peu de bonne volonté et tout le monde vendange.

J'avais quatre ans quand on en est partis de Gageac.

En 1927, on est venus habiter à Bergerac. Alors là, on avait une vingtaine d'hectares qu'on travaillait avec les chevaux. Quand mes frères les ont achetés pour labourer, les gens du pays disaient :

— Oh la la, les chevaux ça va trop vite pour labourer, ça va pas bien !

Mes parents parlaient breton entre eux et ma mère a toujours gardé sa coiffe bretonne. Quand elle allait vendre le lait, je m'en rappelle, un litre d'un côté, un demi de l'autre, c'était toujours les mêmes clients. Tous les samedis, elle allait au marché à côté de l'église Notre-Dame, elle vendait des volailles quand il y en avait.

Quand on est arrivés, on était un peu considérés comme des étrangers, je l'ai entendu dire. On venait de Bretagne, on parlait breton, on était des étrangers pour beaucoup. Quand j'étais tout petit, je parlais très bien le breton mais à l'école, avec mon frère, celui qui a deux ans de plus que moi, on parlait français. On se débrouillait bien, il n'y a pas eu de problèmes.

Ensuite, on a pris une autre ferme et puis une autre. On en a réuni deux en quelques années. Cela faisait soixante-quinze hectares.

Ça me plaisait d'aller à l'école, mais quand j'ai eu mon Certificat d'Études, l'école était obligatoire jusqu'à quatorze ans. J'y suis donc revenu et là, ça ne me plaisait plus tellement. C'était un cours supérieur, on était six. Un jour au mois d'avril, l'instituteur est venu s'asseoir à côté de moi. Je le revois encore :

— Tu vois, voilà un article de loi. Les enfants qui ont le Certificat d'Études et qui n'ont pas quatorze ans, peuvent rester travailler à la maison s'ils ont du travail par leurs parents.

Alors le lendemain, je suis allé sarcler les betteraves avec mon frère et mes deux sœurs. Ça me plaisait, être dans les champs, être libre, être dehors.

On travaillait en famille, on mangeait en famille. Mon père était mort en 32, mais il y avait ma mère et encore cinq enfants dont deux mariés. C'était une grande famille. Notre maman, elle tenait à aller tirer les vaches le soir. On avait des chevaux, une dizaine. On labourait le matin de bonne heure avec trois chevaux, on revenait à midi, on mangeait en vitesse et l'après-midi on repartait avec trois autres chevaux.

Il y avait de l'entraide dans le même voisinage. Je me rappelle quand on battait le blé, c'étaient les voisins qui venaient. Il n'y avait pas de clan spécial de Bretons. On s'entendait bien avec les voisins, on ramassait le maïs à la main et nous, comme on n'avait pas de vignes, on allait vendanger chez les autres après. On fauchait le blé à la petite machine, après il fallait le ramasser, faire des gerbes liées avec une ficelle ou de la paille. Et puis un jour, on a su qu'il y avait des lieuses en France mais c'était tout, tout nouveau. On a acheté la première. On avait les chevaux pour traîner la machine, et les gerbes arrivaient liées. Alors on allait moissonner chez tous les voisins. Après, comme on avait plus de blé qu'eux, ils venaient dépiquer chez nous. C'est qu'on dépiquait pendant trois jours, trois jours et demi des fois alors qu'avec les voisins, en deux heures, c'était fait quoi. On ramassait à la moissonneuse-lieuse, on faisait des gros gerbiers et voilà.

Ils se sont bien entendus avec les gens, que ce soit à Gageac-Rouillac ou après.

Quelle chance on a eu ! Maman faisait le beurre et pendant la guerre alors que les gens n'en avaient pas, nous, on en avait en pagaille. On avait des volailles, on mangeait très bien. Des fois à midi, on avait de la viande avec des patates bouillies et le beurre. Maman faisait le « farz fourn », de la pâte cuite au four, et aussi, la pâte cuite dans la soupe, dans un petit sac en toile. C'est bon, ça garnit le ventre.

On avait un grand pré qui touchait la paroisse de la Madeleine.

On allait à la messe, le curé nous connaissait très bien. À l'époque, il n'y avait pas de groupe de jeunes, de patronage, et le curé est venu trouver ma famille. Il voulait former une équipe de basket-ball. Le club Stella s'est formé. On était quatre frères, on était une équipe, on était très bons. J'ai fait du théâtre aussi. Pour faire du sport, il fallait quelques sous, alors c'était du théâtre pour faire des sous. Ça me plaisait, surtout que j'avais une bonne mémoire, je connaissais la pièce par cœur, je soufflais aux autres.

Mes parents parlaient breton et ils étaient contents quand ils se réunissaient quelquefois avec d'autres. Le trait d'union entre les familles bretonnes, c'était un curé, l'abbé Mévellec. Il passait tantôt chez l'un, tantôt chez l'autre. Il avait organisé une grande fête bretonne à Bergerac et c'était ma femme et moi qui faisions les mariés. On avait la voiture à cheval, moi j'avais un étalon et devant il y avait des juments. Une était en chaleur, mon étalon avait tout compris. Ma femme voulait sauter de la voiture, elle avait peur, il a fallu que je retienne mon cheval et ma femme ! C'était un rassemblement de Bretons. Ma femme avait une tenue bretonne.

Je crois que ma mère n'est jamais retournée en Bretagne et mon père, une fois, pour acheter des chevaux. Par contre, j'avais un frère prêtre et tous les ans il retournait en Bretagne. Il avait écrit sa thèse de doctorat sur la migration bretonne.

Quand il a été ordonné prêtre, c'était en 1938, quatre ou cinq couples de Bretons étaient venus assister à l'ordination.

On a encore un peu de famille là-haut.

Ma mère était tellement occupée, je ne pense pas qu'elle était triste. La Bretagne, ce n'était pas une page tournée mais elle s'occupait d'ici.

Je suis fier de mes parents parce qu'il fallait le faire. Ils partaient dans l'inconnu, il fallait le faire. C'était de l'intelligence.

Ils ont réussi puisque tous les enfants après ont réussi. À présent, on a chacun notre maison.

Moi, je me sens plus d'ici. J'ai fait de la résistance et après, j'ai rejoint l'armée française en Alsace. J'ai plus d'attaches avec mes copains de résistance qu'avec les Bretons.

C'est triste à dire mais moi j'ai laissé tomber la Bretagne.

De Guimiliau - Finistère - en 1924
à Saint-Aubin de Cadelech - Dordogne

Ma grand-mère maternelle est arrivée en 24.

Elle avait des enfants quand elle est arrivée. Ils sont tous nés en Bretagne. À l'époque, on baptisait tout de suite. On faisait la fête après parce qu'on avait peur. Elle a subi la grippe espagnole, deux enfants sont morts en quarante-huit heures. Quand elle a perdu ses deux filles, elle était toute seule, son mari était à la guerre de 14.

Quand ils sont arrivés, l'aîné, le fils, avait vingt ans et le plus jeune avait trois mois. Ma mère avait onze ans.

Ma grand-mère a eu onze enfants. Il n'y en a que six qui ont vécu. Elle a enterré des enfants ici qui auraient mon âge. Les autres, les six enfants, ils sont tous restés ici, ils ne sont pas allés en Bretagne.

Ils sont venus par le train. Ils ont amené des chevaux, des meubles aussi, le banc-coffre. Il était à côté du lit. Ils allaient dessus et après ils rentraient dans le lit clos. Ma mère n'a jamais parlé du voyage. Ils sont venus en train, ils n'avaient pas grand-chose à l'époque.

Ils sont venus parce qu'ici, la plupart n'avaient qu'un enfant et ils étaient tous morts à la guerre de 14, c'était un désert ici. C'est pour ça qu'ils ont fait venir des familles. Ils ont eu du courage, il faut reconnaître ce qui est.

Ils ne connaissaient personne ici, mais ils sont arrivés tous en même temps à quelque chose près. Ils étaient plus ou moins cousins, cousins germains avec d'autres.

Mes oncles sont allés à l'école à Saint-Aubin. Maman, elle n'est pas allée à l'école ici, elle avait onze ans déjà.

Papa aussi était Breton. Il était né en 1909. Il était de Bodilis, à une vingtaine de kilomètres de Guimiliau. Il est venu avec son frère, avec la fourche sur le dos. Il s'est loué à Monbahus. C'était en 34, 35.

Ils se sont mariés en 36. Ils n'avaient rien, absolument rien.

Ils ont été ouvriers et après ils ont pris une ferme à eux deux. Les deux familles ont vécu comme ça jusqu'à dix, treize, quatorze ans, comme ça, ensemble, parce que les deux frères avaient marié les deux sœurs. Ils sont partis à la guerre en 40, et mon oncle a divorcé d'avec la tante. Je ne sais pas comment ils s'étaient rencontrés.

Papa non plus ne racontait pas. Il a été cinq ans prisonnier à la guerre, il a raconté un peu mais pas trop.

Quand il est venu ici, c'était ça ou s'engager dans la marine. Ils étaient six du côté de mon père.

Ici, tous les Bretons se retrouvaient pour les foires, le marché. Les femmes aussi parce qu'elles vendaient la volaille. Ma mère a fait du beurre jusqu'en 58, 59, 60 et puis après elle a abandonné. Il y avait la baratte, j'ai fait le beurre, j'aidais ma mère.

Ils ne vendaient pas le lait. Ils l'écrémaient matin et soir et avec la crème, ils faisaient le beurre. C'est possible qu'ils aient amené le lait à l'école de Saint-Aubin pour la Çantine. Il fallait les produits pour faire le repas, le lait, le beurre, les œufs. Maman vendait le beurre au marché à Eymet. En 56, quand il y a eu tant de neige, elle partait en mobylette, il y avait haut comme ça de neige, oh la la !

Mon oncle dormait dans un lit clos, à Saint-Aubin. Ils en avaient fabriqué un dans la grange, à côté du cheval. Parce qu'il n'y avait pas de chauffage à l'époque, et là, c'était fermé et au chaud. La grand-mère avait déménagé le sien, elle dormait dedans.

Ils se sont mis à la vigne. Ma grand-mère, c'était du vin très fort.

Ma grand-mère, elle ne racontait pas. Ma mère, je me rappelle qu'elle disait qu'elle allait garder les vaches, elle ne parlait que de travail. Moi, je me rappelle avoir gardé les vaches aussi. Personne ne s'est jamais plaint.

Ma mère et ma grand-mère ne faisaient pas de cuisine bretonne.

On était assez proches des fermes d'à côté. On faisait des repas au moment des dépiquages, on s'entraidait. Ça faisait beaucoup de monde, ça représentait vingt-cinq à trente personnes. Il y avait aussi les gens du pays. On faisait le petit déjeuner, le repas du midi, le repas du soir. Il y en avait qui buvaient bien. J'avais un oncle, il dansait sur les tables !

Ma grand-mère est décédée en 81. Son mari était parti en 40, il avait été gazé à la guerre de 14-18. Elle est restée veuve longtemps, elle a eu beaucoup de courage. Elle parlait un petit peu de la Bretagne mais comme j'étais enfant, j'ai oublié. Je sais où elle habitait en Bretagne puisqu'on l'avait amenée à Guimiliau, voir sa sœur. Elle n'avait pas de regrets, pas du tout. Ce n'était pas tellement une raconteuse, elle aimait bien jouer aux Çartes, mais elle ne parlait pas.

Quand on l'a ramenée en Bretagne, elle avait une sœur qui était restée là-bas, à côté de Guimiliau. Elle avait deux ou trois ans de plus qu'elle. La grand-mère avait du mal à tenir une conversation avec sa sœur en breton. C'était la première fois qu'elle revenait. Elle était contente. On l'a emmenée en 73. Elle n'avait jamais vu la mer, pourtant ils étaient à dix kilomètres.

Moi, j'ai parlé breton aussi jusqu'à cinq ans et après quand je suis allée à l'école, il a fallu que j'apprenne le français. Tout le monde parlait breton à la maison. Je pouvais tenir une conversation à l'époque mais je ne me souviens de rien.

Maman était Bretonne de souche mais si on ne l'avait pas emmenée là-bas, elle n'aurait rien vu. Moi j'y suis allée à quatorze ans avec mon père pour le mariage de l'oncle. J'ai encore quatre ou cinq cousins là-bas. J'ai les cousines germaines de mon âge. Les liens sont restés, on s'écrit au moment de la nouvelle année. J'ai une cousine qui élève des cochons là-bas.

Il y en a beaucoup dans le coin qui se sont mariés avec des gens du pays aussi.

Je ne sais pas pourquoi ils n'ont jamais raconté. À l'époque, on ne questionnait pas.

Notre fille, l'aînée, elle est attirée par la Bretagne.

Moi, je me sens Européenne, Française, Bretonne non.

En plus, j'ai épousé un gars d'ici.

J'ai gardé le buffet de la grand-mère, j'y tiens.

De Landivisiau – Finistère - en 1924
à Saint-Aubin-de-Cadelech – Dordogne

Mes grands-parents sont arrivés ici en 1924. Ils avaient six enfants, trois garçons et trois filles.

Mes parents se sont mariés à Saint-Aubin en 36. Mon père et son frère ont marié deux sœurs de famille bretonne aussi, arrivées en même temps que la grand-mère. Là-bas, mon père était agriculteur, mon grand-père aussi. Ils sont arrivés en 24, ils ont acheté en 25.

Il n'y avait plus de travail à faire là-bas. C'était un peu comme les Italiens qui sont venus après.

Et puis, mes parents sont partis un plus loin dans le Lot-et-Garonne, à Monviel, avant de revenir à Saint-Aubin. On était là en 52. Après, mon oncle a divorcé de ma tante et il est reparti en Bretagne. J'ai un frère et deux sœurs. J'ai acheté en 70.

Mes grands-parents sont arrivés avec leurs six enfants. Les premiers temps, ils devaient les trouver durs.

Ils n'ont pas beaucoup raconté.

Ils n'ont pas raconté leur voyage, leur arrivée ici.

Ils sont venus avec beaucoup de Bretons, ils étaient tous à peu près du même coin.

Ma mère était née en 13, elle est arrivée ici en 24, à onze ans. Elle n'a pas parlé.

Je sais qu'ils sont arrivés à pied depuis le train pour amener les vaches. Ma grand-mère avait ses meubles ; son lit clos, je crois qu'elle l'a vendu. Après, il y a eu un incendie là-bas au milieu des bois, tout a brûlé. Elle voulait nettoyer, un feu de broussailles et la pauvre, ça a gagné. Ma grand-mère avait la coiffe mais elle ne la mettait plus.

Ils avaient des chevaux. Mon père en a acheté d'autres, ils travaillaient avec. Il y avait beaucoup de terres en friche ici à l'époque. Quand il voyait un autre Breton, mon père parlait aussi en breton, mais, pas comme ma grand-mère. Moi je parle deux mots.

À Cadelech, il y avait la fête, derrière la chapelle. J'y suis allé moi aussi. Ils portaient la Vierge sur les épaules, ils défilaient. Il y avait du monde, tous les Bretons du coin. C'était l'après-midi je crois.

Quand ils ont baptisé la cloche, j'y étais aussi.

Ils se voyaient souvent entre Bretons pour garder le contact quoi, aux fêtes ou sur les marchés.

Ils se réunissaient une fois par an toute la famille.

Je suis allé à l'école de Saint-Aubin. Il y avait du monde dans les classes. Filles et garçons étaient mélangés mais dans la cour, il y avait le mur, on était séparés. Nous on jouait aux billes, on gagnait, on perdait, les plus belles, c'était les billes en verre.

Je me rappelle avoir vu ma grand-mère et ma mère faire le beurre avec la baratte, je tournais la manivelle aussi. La baratte, des fois il fallait tourner longtemps, ça dépendait du temps qu'il faisait ; l'été, des fois, il fallait mettre de l'eau glacée. Dans la baratte, on ne mettait que la crème. D'abord on écrémait le lait dans une machine où il fallait toujours tourner, l'écrémeuse.

C'était plutôt les femmes qui faisaient le beurre. Quand on n'était pas à l'école, on tournait. Des fois, ma mère elle prenait des crises quand on le faisait. Le lait était écrémé tous les matins et le mercredi matin, elle faisait le beurre. Elle gardait la crème dans les petites toupines en grès. Après, elle les portait dans des grosses jarres à la fontaine parce qu'on n'avait pas de frigo au début. L'eau était fraîche à la fontaine. Le petit lait, il partait aux cochons.

Elle vendait le beurre à Eymet et à Saint-Aubin aussi. Elle y avait ses clients. À Eymet, c'était le jeudi et à Saint-Aubin aussi. Elle y allait à vélo et après en cyclomoteur. Elle faisait le beurre salé à la demande. Chez ma grand-mère, il était toujours salé. Elle vendait des œufs, des fois ce qu'elle avait, mais principalement le beurre. Et puis ils en mangeaient beaucoup le matin, beaucoup plus, maintenant on en mange moins.

Ma mère, elle n'a jamais fait de plat de là-bas. Je n'en ai jamais mangé non, ni gâteau, ni rien, jamais. La grand-mère, je n'ai pas le souvenir. Si, on avait une grande plaque en fonte pour faire les crêpes.

Oh oui, il y a eu vraiment une coupure.

Mes fils, ils ne sont pas allés en Bretagne. Ils ne connaissent personne, les racines sont ici. Moi je me sens Périgourdin.

Maman, elle devait bien s'en rappeler mais elle n'en parlait pas. Les grands-parents n'en parlaient pas.

Je ne pense pas qu'ils aient regretté. Je n'ai jamais demandé tout ça.

J'ai toujours des cousins là-bas en Bretagne. On y est allés l'an dernier. Quand ils partaient en vacances, ils s'arrêtaient quelques jours ici. En Bretagne, on a visité. On a vu les maisons qui restaient. On y est allés une dizaine de jours. Les cousins, ils ne disent rien, rien de spécial.

Ma grand-mère était revenue une fois pour voir sa sœur. Elle était contente et elle portait toujours sa coiffe, elle, la coiffe très haute. Mes parents y sont retournés avec mon frère et ma sœur en voiture en 73, 74.

Il y en a qui sont revenus en Bretagne aussi, en 56.

Ils sont venus ici, la Bretagne leur manquait, ils n'avaient pas d'enfants, ils sont repartis.

**De Lampaul-Guimiliau – Finistère - en 1924 et 1955
à Eymet – Dordogne - et Miramont – Lot-et-Garonne.**

J'ai épousé un Breton du Sud-Ouest.

Mes beaux-parents étaient nos voisins en Bretagne.

Je n'étais pas née quand ils sont partis de là-bas. Mon mari avait trois ans à leur arrivée. Dix enfants sont nés là-bas, et deux ici.

Ils arrivaient de Lampaul-Guimiliau avec d'autres familles du même coin. Il y avait des cousins de ma mère. Ils ont été élevés par la grand-mère parce qu'ils étaient orphelins de mère. Ils se connaissaient tous puisqu'ils étaient voisins. Donc, on connaissait déjà la famille de mon futur mari.

Quand le train est arrivé, en 24, ils avaient les bêtes, les chevaux, les machines et puis, la petite, la dernière, dans les bras de sa mère. Les aînés étaient restés à l'école là-bas, quatre enfants qui venaient pour les grandes vacances. Ils avaient des oncles, des tantes et des cousins là-bas.

Il paraît que plusieurs des femmes disaient que, si elles avaient pu, elles seraient reparties. C'était dur, il a fallu beaucoup bosser, beaucoup. C'était surtout les femmes, les mamans, parce qu'elles étaient isolées. Il fallait qu'elles restent à la propriété, qu'elles s'occupent des enfants, elles ne pouvaient pas sortir. Ici, c'était les routes blanches comme on dit, à Çailloux blancs, il n'y avait pas de route. Et puis, elles étaient plus isolées aussi parce que chez nous les maisons sont groupées tandis qu'ici elles sont dispersées, chacun chez soi.

Ils se voyaient quand ils allaient à la messe, ils se rencontraient au marché. Mais je sais que ma belle-sœur et ma belle-mère, elles ne sortaient pas. Ma belle-sœur, c'est son mari qui allait faire les commissions. Ma belle-mère, elle n'allait pas vendre sur le marché. Elles restaient tout le temps au travail avec les enfants.

Elles étaient quand même en famille, davantage, puisqu'elles étaient belles-sœurs, cousines… Mais c'était surtout quand ils faisaient les travaux, ils faisaient beaucoup de travaux ensemble. Il y avait une bonne entente entre tous, les familles se voyaient et s'entraidaient beaucoup.

Ça s'est passé comme pour les Italiens, plus ou moins bien au début. Mais après, je ne sais pas combien d'années après, ils ont reconnu que les Bretons et les Italiens avaient beaucoup travaillé et que c'était grâce à eux que c'était remonté ici.

Ma belle-sœur me racontait qu'ils faisaient du beurre et ils allaient au marché d'Eymet. Les gens avaient commandé leur beurre et puis alors, ce qu'ils ont été vexés ! Les gens le prenaient comme ça pour lécher, oh la, la, pour goûter le beurre !

Les premières années où je suis arrivée là, mon beau-père allait à vélo à Bergerac livrer du beurre dans une pâtisserie. Il était quand même d'un certain âge et il allait à Bergerac à vélo le dimanche pour amener son beurre.

Quand ils sont allés à l'école, ils étaient pris comme des étrangers. D'ailleurs mon mari ne savait pas le français, il ne savait que le breton. Il disait qu'ils étaient mal vus, comme les Italiens, parce que les Italiens étaient mal vus aussi à l'école à Eymet. Les parents parlaient le breton entre eux. Ils savaient quand même le français. On parlait le breton, le français, les gens d'ici parlaient le patois et les Italiens en plus !

Moi, je venais ici pour faire des visites chez les cousins de ma mère.

Je suis venue deux fois avec une cousine. On est allées à Lourdes avec le train du pèlerinage. Puis, on a pris le train pour venir à Marmande et on est venues voir les cousins et voisins. C'était notre première rencontre. Mes sœurs étaient venues déjà. J'avais vingt-trois ou vingt-quatre ans. Je n'avais jamais vu des vaches travailler. Oh, j'étais surprise de voir ça ! Ce n'était pas du tout les mêmes travaux à la campagne. Chez nous, il n'y a pas de vignes, ce n'est pas du tout la même façon de travailler.

Quand ma belle-mère et les femmes d'ici sont arrivées, elles ont enlevé la coiffe. Elles ont mis des chapeaux. Qu'est-ce qu'on les trouvait pas bien ! Ça faisait triste, c'était sombre, oh la, la ! Des chapeaux noirs ! Ça faisait monotone, ce n'était pas beau et puis elles n'arrivaient pas à s'habiller. Même là-bas, petit à petit, les gens ont quitté la coiffe. Ma mère l'a gardée très tard.

Et puis voilà, nous, on s'est trouvés. On s'est mariés en 55. J'avais vingt-huit ans, mon mari trente-quatre, on a six ans de différence. Mes parents disaient que c'était loin :

— Et si tu tombes malade... Si tu… Si tu...

Mais ils connaissaient déjà mes beaux-parents qui sont venus en Bretagne pour mon mariage, les personnes âgées disaient en breton :

— Oh ! Vous êtes venus ! Oh ! Vous êtes venus, oh, la, la ! Vous n'avez pas changé.

Ça n'a pas été difficile de m'installer ici. Après les enfants sont arrivés, tous les ans, quatre en quatre ans.

Mon mari disait qu'ils avaient travaillé dur pour défricher. Ils labouraient avec trois chevaux attelés ensemble. Je me rappelle, j'avais des voisins sur la route de Marmande, ils avaient une petite propriété avec deux vaches. Oh la, la ! Je disais, mais que c'est mou. Ouh la la ! Ils n'avancent pas.

Ici, ils ne savaient pas faire avec des chevaux. Les chevaux de trait, c'est les Bretons qui sont arrivés avec.

Le plus surprenant pour moi, d'abord, c'était le climat. J'ai eu du mal à m'adapter à ce climat-là parce qu'il faisait quand même très chaud mais maintenant j'apprécie davantage.

Quand je suis arrivée ici, c'était déjà bien installé. Ils étaient en avance sur les Bretons du coup.

Mon mari était d'abord sur la propriété avec ses parents, mais c'est pareil, il n'y avait pas assez de travail pour tous. Son frère, déjà, était à la coopérative. Il a eu des problèmes de santé, il n'a pas pu rester. Alors mon mari est resté à la coopérative après mon beau-frère, un certain temps, et après quelques années il est venu à l'usine à Miramont.

La coopérative avait été créée par un Breton des Côtes d'Armor.

Ici, ils n'étaient pas très pratiquants. Oh la, la ! Non, pas du tout. Je me rappelle, j'allais à la première messe, on me regardait, j'étais remarquée. C'était de bonne heure. Moi, ça ne me gênait pas, avec mon mari on avait été élevés pareil de toute façon.

Voilà, je n'ai pas eu la même vie que tous ici parce que les autres Bretons étaient agriculteurs. Comme on n'était pas dans l'agriculture, on avait des congés. On pouvait partir plus facilement. Quelqu'un venait de chez moi ici, un ou deux enfants partaient avec eux, on allait les chercher ou des amis passaient.

Je n'ai pas du tout eu de regrets, même après le décès de mon mari. On a été vingt ans ensemble. Après son accident, des gens m'ont dit :

— Pourquoi vous voulez pas repartir chez vous ?

Les enfants étaient ici, la maison ici. Je n'avais pas envie de repartir là-bas, pas du tout. J'y ai encore de la famille. On était huit, il en reste trois, alors on est en relation tout le temps.

On a beaucoup parlé à nos enfants et même nos petits-enfants. Ils se considèrent Bretons aussi.

Je me sens profondément Bretonne.

Avec les Bretons d'ici, on se voit beaucoup encore. On est un peu parents, enfin, on n'est pas parents mais c'est tout comme... On est bien. On se connaissait quand on était jeune.

Ça s'est bien intégré quand même maintenant, c'est vrai, c'est vrai, c'est très bien.

Je suis entourée d'Italiens ici.

De Landivisiau – Finistère - en 1925
à Agnac – Dordogne, Bourgougnague – Lot-et-Garonne

Nos parents sont arrivés ensemble, un train complet depuis Landivisiau jusqu'à Eymet, en 1925. Quinze familles avec vaches, cochons et tout. Moi je suis né ici en 1928. J'ai un frère et une sœur qui ont été baptisés à Landivisiau. Les deux familles ont habité ensemble pendant trois ou quatre ans. C'était dans un château un peu en ruine avec une chapelle. Je suis né dans cette chapelle. Après, mes parents ont loué une ferme.

Chez nous, maman était enceinte du quatrième quand ils sont arrivés.

Par ici, il y avait beaucoup de propriétés que personne ne travaillait, ils manquaient de main-d'oeuvre. Ils ont décidé de partir parce que là-bas, ils n'étaient pas propriétaires. Quelqu'un était venu en éclaireur deux ou trois ans avant.

Les femmes ont eu des regrets. Les hommes, ils se voyaient quand ils ramassaient la moisson, quand ils dépiquaient. Ils se voyaient entre eux. Ils se connaissaient entre eux les Bretons. Mais les femmes ne sortaient pas, ma mère ne savait pas monter à vélo. Pour les femmes, ça a été très dur. Elles avaient du mérite. Ils retournaient en Bretagne pour les enterrements, c'est presque tout. Maman pleurait. Je me souviens. Je me souviens de la voir pleurer. Elle regrettait sa Bretagne. Elle était fille unique, dans un tout petit village où ils se connaissaient tous et elle disait :

— Mon Dieu, il manque de la gaieté ici.

Mes grands-parents sont venus aussi, il n'était pas question de les laisser. Papa a fait très attention à sa belle-mère.

C'est ma mère qui dirigeait plus la propriété. C'est elle qu'on venait voir. Mon beau-père venait souvent.

Mon père avait fait cinq ans guerre, il a été prisonnier. Il était à Verdun dans les mines, cinq ans dans les mines, à pousser les wagons. Quand il est revenu, ma mère nous l'a raconté, il a mis longtemps à venir la voir. S'il n'était pas venu, elle disait qu'elle serait devenue religieuse.
Je raconte ce qui m'a touché.

Ici, ils vivaient entre eux, ils se connaissaient entre eux. Ils n'ont pas vraiment rencontré des gens d'ici.

Ils s'entendaient assez bien avec les Italiens. Ils ne se comprenaient pas mais c'était comme ça. Quand je suis né, ils ne parlaient que le breton. Jusqu'à l'âge de cinq ans, je ne comprenais que le breton. Alors ma mère se demandait comment j'allais faire pour l'école.

Il y avait une voisine du pays, ce n'était pas loin. J'allais m'amuser avec elle et c'est elle qui m'a appris le français avant d'aller à l'école. Elle a un an de plus que moi. J'étais bien avec eux parce qu'elle avait un tricycle, c'était chacun son tour sur le tricycle. Mais moi, je voulais toujours être sur le tricycle alors je disais :

— Moi va chez moi, moi va chez moi !

Son père me donnait souvent du vin blanc. J'adorais le vin blanc quand j'étais petit. L'école, on allait à pied à Lauzun, on faisait trois kilomètres.

Mes parents aussi parlaient breton. Papa nous a mis en pension à Bourgougnague. Pendant la belle saison, on faisait le chemin et pendant l'hiver, on nous mettait en pension. On était bien à l'école à Bourgougnague. L'école ça nous a fait avancer. Ça nous a fait connaître tous les gens du bourg. On faisait la route et en faisant la route, il y avait des enfants qui s'ajoutaient, on arrivait une dizaine. Elle était toujours enceinte maman, elle a eu quatorze enfants. Je l'ai toujours connue à côté de sa cuisinière. Ils étaient vaillants, ils faisaient tout par eux-mêmes.

Il y avait, je ne sais pas moi, peut-être cent hectares de bois, des gros chênes comme ça. Une scierie était venue. Je me rappelle de cette scierie. Toujours dans le bois pour couper des arbres. Ils avaient fait un emprunt pour essayer de payer un peu la maison et ils ont vendu tous les gros arbres. Ah ! Ils ont eu du mal !

Jamais ils ne se plaignaient. Je n'ai jamais entendu papa dire un manque d'argent, ou un manque de... jamais, jamais, jamais.

Avec les vaches, maman faisait du beurre. Elle allait à pied à Lauzun. On lui demandait : « Qu'est-ce que c'est ça, dans votre panier ? »

Ils ne connaissaient pas le beurre. Je me rappelle, elle avait un panier en osier qui fermait, avec un couvercle arrondi. Elle mettait le beurre dans des moules avec des fleurs. Après, quand ils l'ont goûté, elle avait toujours les mêmes clients. Mon oncle aussi faisait du beurre et il allait en vélo à Bergerac le vendre. C'était des grosses mottes, il avait soixante-quinze ans au moins, c'était plus tard.

Je me rappelle quand on tuait le cochon. Le dimanche d'après, on se réunissait, on ne mangeait que du cochon. Les femmes étaient contentes. C'était une fête. Il y avait deux, trois ou quatre familles bretonnes. Pendant la guerre, quand on tuait le cochon, il fallait le déclarer à la mairie. On le déclarait et pendant ce temps, on en tuait trois. Mon père assommait les deux autres pour qu'ils ne crient pas. On avait aussi des fagots et on mettait le blé dedans pour le cacher. Je me rappelle l'endroit, il y a des choses qui marquent, qu'on n'oublie jamais.

Des parents étaient à Cadelech, et alors le tonton de là-bas, il venait nous chercher en voiture à cheval et il nous ramenait. Il venait chaque fois et il aimait bien boire. Le cheval connaissait la route tout seul !

Des fois, pour aller d'ici à Cadelech, je prenais le train et je descendais à Falgueyrat. J'allais souvent voir ma cousine.

Mon père et mon oncle allaient acheter des vaches en Bretagne. Ce n'était pas une grande ligne, c'était une gare à côté de la grande gare de Bordeaux et il y avait une bifurcation à La Sauvetat.

Nos parents faisaient des journées de crêpes, des journées pour la famille. Ils avaient des grandes poêles, ça s'appelle billig en breton, je me souviens de ça. Maman, elle avait tellement chaud devant le feu ! Toute la journée, elle faisait des grandes crêpes.

On avait une poêle avec une autre famille aussi. Alors ma mère disait :

— Va chercher la poêle !

Je la mettais dans le sac de blé et je portais ça sur le dos. On les mangeait avec du beurre, on aimait bien le beurre. Pendant la guerre, ma mère avait une sœur au Havre, elle expédiait des crêpes dans un carton et avec de la ficelle de lieuse. Elle entourait les crêpes comme ça. J'allais en vélo à la poste à Lauzun pour les expédier. Ces crêpes-là, elles étaient tellement fines qu'elles pouvaient se garder deux, trois mois. Des fois, ça mettait un mois, ça arrivait quand même.

Maman, elle nous faisait des pommes de terre. Elle les coupait en deux et elle les mettait au fond d'une cocotte avec très peu d'eau et elles devenaient dorées. C'était très bon.

Le jambon, elle le mettait dans la cheminée. On en mangeait pour déjeuner. Pas tous les jours mais souvent. Et aussi du boudin grillé. Maman n'avait pas de cuisinière, alors quand elle s'est équipée, elle n'allumait sa cuisinière que le dimanche pour ne pas l'abîmer.

Ça faisait de belles tablées, onze enfants et il y avait encore les grands-parents.

En 1939, les gens ont commencé à faire des trous pour planter les poteaux électriques. Alors ma mère les nourrissait à midi tellement elle était contente d'avoir l'électricité. Elle les a nourris à midi pendant je ne sais pas combien de temps ! Ils étaient une quinzaine, ce n'était pas des Français.

Ils avaient du courage.

On s'aidait pour ramasser les gerbes, pour le dépiquage. Le dépiquage durait un mois. Mon beau-père avait une batteuse, alors il allait chez tous les Bretons, de Agnac jusqu'à Lauzun. C'était un vieux tracteur avec des roues en fer et des crampons comme ça derrière. Quand ils sont venus, il avait aussi trois beaux étalons.

Chez moi, c'était la joie dans la maison.

Son père disait :
— Il faut travailler mais il faut bien s'amuser, celui qui sait pas s'amuser, il sait pas travailler.

Il aimait la gaieté, il aimait la vie. Je me souviens, le soir après la journée, il fallait s'amuser, il fallait chanter.

Les voisins, c'était beaucoup de familles de régions différentes mais tous de Bretagne. Il y avait très peu de familles de par ici en définitive. Les mariages se sont faits entre Bretons. Ils étaient plus religieux que les gens d'ici.

Moi j'étais bien avec son frère, alors je venais souvent. Après quand on a planté la vigne, je suis tombé amoureux d'elle. Elle avait un chien, Pied-blanc il s'appelait. À table, il venait mettre sa gueule sur son genou, toujours. Elle avait dix-neuf ans, il a fallu que ses parents signent, elle n'était pas majeure. Mon plus beau souvenir c'est quand je me suis marié, ah oui, ça a changé ma vie. Ce n'est pas loin tout ça.

C'est loin et pas loin.

Elle allait garder les vaches et son père disait :
« Je ne sais pas qui est allé garder les vaches mais elles sont rondes, elles sont rondes ! »

Ça me plaisait d'aller garder les vaches. J'étais toute seule, je me faisais un cinéma. J'étais actrice, j'étais comédienne, je me racontais des histoires. J'aurais aimé l'être, peut-être parce que dans les familles nombreuses, il y a la joie mais on aime se retirer aussi.

Moi je n'aimais pas trop garder les vaches. Je ne sais pas, je perdais mon temps. Il fallait qu'on rentre les vaches quand il y avait cinq étoiles dans le ciel. On se mettait le dos sur le sol et on savait où elles étaient, la première, la seconde et quand il y en avait cinq, on rentrait les vaches.

Après ma mère tirait le lait. Heureusement qu'ils sont venus parce que là-bas ils étaient trop nombreux. Ils n'avaient qu'une petite ferme qui n'était pas à eux.

C'est vrai qu'on n'y pense pas beaucoup à tout ça.

On est allés en Bretagne, elle voulait voir où habitaient ses parents.

On est allés dans le Morbihan, après les Côtes d'Armor et on a fini par notre pays, le Finistère. Je voulais voir où habitait maman. Je me mettais à sa place, faisant la petite rue. Là, oui je me mettais à sa place.

On se sent Breton mais en étant du pays quand même. Oh oui, on est du pays.

Ils ont eu du courage, oui ils ont eu du courage.

De Guiclan – Finistère - en 1925 et 1953
à Agnac – Lot-et-Garonne.

J'ai retrouvé la photo, voilà le premier tracteur, le voilà, les gerbiers on les faisait comme ça, il y avait tout un tas de bonhommes qui montaient les gerbes…

Ce sont mes beaux-parents qui sont arrivés en 1925. Il y avait un train plein, onze familles dans le même train. Le grand-père est venu avec trois fils dont un marié. C'était le père de mon mari. Lui et sa femme avaient deux enfants, mon mari et sa sœur aînée. Les autres enfants sont nés ici. Mon mari avait à peu près deux ans quand ils sont arrivés.

Mes beaux-parents avaient acheté deux fermes parce que les deux fils étaient morts à la guerre alors c'était libre. Ils racontaient des histoires de battages, de rassemblement, et aussi de mauvais français parce qu'ils transposaient le breton en français, alors les plus cultivés ça les faisait rire : « Je suis tombé dans la mauvaise maison… » au lieu de dire : « Je me suis trompé de maison. »

On faisait groupe entre nous aussi, d'après ce que j'ai compris. Ils parlaient le breton alors c'était un peu affolant, les commerçants pensaient qu'ils disaient du mal d'eux. Pour les battages, c'étaient les Bretons avec les Bretons, les Italiens avec les Italiens parce qu'il y avait autant d'Italiens qui étaient arrivés.

Et là, c'est une tante, ça c'est la photo d'un repas de mariage. Elle était jeune la mariée. C'était pendant la guerre, on avait fait la moitié du chemin à pied. Là, c'est les enfants de l'école de Notre-Dame, là c'est un autre mariage, toutes les jeunes filles avaient leurs robes longues. Ça, c'est à Bourgougnague, elle, elle était coquette ! Ça c'est une autre de l'école, et bien dis donc il y en a des souvenirs ! Oui je garde tout…

Moi, je suis de Bretagne, de la même commune que mon mari. Après la guerre, on avait droit à des bourses pour étudier. Mon frère me demande toujours pourquoi je n'ai pas fait d'études. Mais avant la guerre, j'avais neuf ans, on n'avait pas les moyens de payer des études à tout le monde. D'abord, on était en pension et on n'avait pas de moyens.

Quand je suis venue la première fois, j'étais avec une amie. C'était toute une histoire ! Il y avait des pèlerinages organisés par la Bretagne pour aller à Lourdes. On voulait venir pour voir les amis, la famille. Alors elle était venue pleurnicher le jour de la fête. Moi, je ne décidais pas parce que c'était mon père qui payait. Le jour de la fête, ça tombait bien parce que tous les hommes étaient là, alors l'un d'eux a fait honte à mon père. Il lui a dit que je travaillais tout le temps et qu'il pouvait bien me laisser aller passer quelques jours. Mon père a dû avoir un peu honte, alors c'est comme ça que je suis venue.

Tiens, les deux sœurs quand elles étaient jeunes filles, et le pèlerinage diocésain, ceux d'ici ils allaient au pèlerinage avec Quimper. Là on voit bien les fleurs d'oranger, les tabliers tout brodés, ma sœur brodait. Ça c'est à Lourdes, le pèlerinage, ceux d'ici les rejoignaient, on les voit avec leurs chapeaux. Tiens, elle, elle monte sur un tabouret avec ses sabots en bois. Ça c'est le tonton, le militaire. Là c'est l'école de ma mère et de ma tante en 1916. Ça c'est une école aussi à Miramont. Là il doit y avoir tout le diocèse parce qu'il y a l'abbé Mévellec. Il était grippe-sous, il aurait fait une Bretagne ici. Ça c'est moi quand j'avais vingt ans. Qu'est-ce qu'elle fait dans le carton cette photo ?...

Il y a des choses qui marquent. Il y avait des gerbiers, les garçons s'arrêtaient un peu et nous, les filles, évidemment on était sans doute un peu aguicheuses, on allait aussi s'asseoir avec les garçons. Il y en avait un aussi qui nous tournait autour. Mais il a toujours été curieux de tout, il n'a pas changé, il n'a que vieilli. Il est comme moi !

On s'était arrêtées à Miramont chez des cousins à mon amie. On était allées à la coopérative et un des garçons lui avait tapé dans l'œil ! Son père ne voulait pas mais elle était mordue, elle a fini par se marier avec lui en 55.

Cette fois-là, j'ai rencontré mon futur mari. Je suis venue ici me marier en 1953. J'aimais bien ma belle-mère aussi. Mon mari, on l'avait entravé, il aurait voulu faire mécanicien. Il avait demandé un apprentissage mais il était le fils aîné alors ce n'était pas possible.

Ça avait déjà tout changé quand je suis arrivée. On avait déjà une moissonneuse-batteuse.

Une chose me déplaisait beaucoup. On faisait le beurre et on allait le porter à domicile. Alors ça, je ne suis pas commerçante pour deux sous. Je n'aimais pas ça, ah non ! On amenait aussi à l'épicerie et là je ne trouvais pas à redire. On faisait des grandes mottes. Après, dès que les laiteries ont commencé à fonctionner, j'ai leur ai vendu mon lait.

J'avais un voisin qui disait :

— Oh ! Les Bretons, c'est tous des cons. »

Ma belle-mère n'avait pas de regrets. Elle venait d'un village où il y avait beaucoup de monde et ils n'étaient pas propriétaires. Ça ne correspondait pas au caractère de ma belle-mère. Elle était heureuse d'être venue ici et d'être la patronne. Les hommes, quand ils avaient besoin de se parler, ils allaient à la vieille maison et ils la laissaient ici avec ses filles. Mais la sœur de ma belle-mère, oui, elle avait des regrets d'être partie.

Là, c'est un des plus jeunes. Là, c'est pris à Miramont mais je ne vois pas qui c'est. Et là c'est deux mariages en même temps. Lui, je me rappelle de lui, il est venu manger ici, il est resté deux heures à table. Quand je lui ai demandé pourquoi il était venu ici, il m'a dit : « Pour renouveler le sang. » Ah ça, c'est à l'école des garçons à Eymet. Il y a mon frère, maman, tiens là c'est mon beau-frère qui a fait l'Everest, c'était un sportif. Ça c'est la mariée avec toutes ses demoiselles d'honneur. On se mariait comme ça, en costume breton, les mariés en noir, avec une fleur d'oranger pour les garçons et une guirlande pour les filles. Et là, ce n'est pas la tante ? Ah, voici ma marraine, une sœur à ma mère, année 16 ou 18. Là les deux filles, il y en a une, elle était religieuse, elle a passé sa vie au Brésil. Voilà mon mariage, mon père, sa mère, son père, une sœur, mon autre sœur, et mon frère là...

Mes parents sont morts en Bretagne.
Je n'ai jamais vu ma belle-mère faire la bouillie ici.
La grande crêpe, on la faisait trois, quatre fois par an.

Bretons, Italiens, la mentalité était un peu la même, formée par l'église. Et puis, tous des familles nombreuses alors qu'ici, on avait horreur des familles nombreuses.

Ils avaient l'impression qu'ils avaient trop donné pendant la guerre.

J'ai une belle-fille Italienne. L'intégration s'est faite comme ça.
La langue, c'est devenu le français pour tout le monde.

De Guimiliau - Finistère – 1925 et 1947
à Agnac – Lot-et-Garonne

J'avais quatre mois quand je suis arrivée ici, je suis venue avec mes parents en 1925. Les premières années ont été très dures. Les parents ont raconté.

Je suis arrivé à vingt-trois ans, je viens du Finistère, de Guimiliau, nous sommes nés dans la même commune, les mêmes fonds baptismaux. Arrivé à vingt-trois ans, comme ça.

Les familles se fréquentaient. De temps en temps mon père allait chercher un wagon de vaches là-bas en Bretagne et il les revendait à Eymet. Quand il remontait en Bretagne, comme il était très ami avec les parents de mon mari, il allait les voir.

J'habitais, je ne sais pas moi, de la gare on était à cent mètres, alors tout de suite il était là. J'avais un oncle, bien ami aussi, puisque chez nous il y a deux familles et alors ils allaient chercher les vaches de Pierre, Paul, tout ça à pied. Ils allaient tranquillement quoi. Je me rappelle l'avoir vu venir en Bretagne. C'était ses racines. Il aimait bien discuter après la messe, le dimanche, avec tous ses copains. Il parlait de ci... de ça... J'ai vu un tel, j'ai vu un tel. Mais d'ici, il n'en parlait pas beaucoup. Il n'en parlait pas beaucoup de leur venue ici, non.

C'était trop petit la Bretagne, les exploitations étaient petites. Quand mon père est rentré de la guerre, il a été prisonnier, il a tenu quelques années. Il est rentré en 19, on est partis en 25. Il y en avait déjà qui étaient venus. Il y avait eu des échos, alors mon père est venu voir avec son beau-frère et ils ont acheté la propriété comme ça. Il avait vendu sa propriété en Bretagne. Les notaires, à l'époque, c'étaient les banquiers. Comme ils savaient qu'il y avait toujours du bien derrière, ils n'avaient pas de mal pour financer une partie. Ils prêtaient de l'argent mais à un taux assez élevé parce que j'ai entendu dire que mon père avait juste remboursé avant la guerre ce qu'il devait. En 39, la guerre est arrivée alors il y a eu je ne sais pas combien d'inflation, ça a sauvé beaucoup de monde.

Il y avait beaucoup de terres libres ici parce que le Gascon, il a un enfant, quand il en a un... Et puis, il y en a qui ont été tués à la guerre et les familles se sont trouvées sans fils.

Ici, les terres étaient moins chères qu'en Bretagne. Il y avait une personnalité bretonne qui les a initiés beaucoup dans ce domaine. C'était De Guébriant, le président de l'Office Central des Organisations Agricoles. C'était lui qui avait poussé les gens à partir. Ils avaient un lopin de terre, ils ont voulu un peu s'aventurer ailleurs.

Seulement quand ils sont arrivés, mes parents avaient déjà quatre enfants, ma tante en avait deux, et ils ont amené les beaux-parents, alors tout ça, même propriété, même maison, ça faisait du monde.

Dans la propriété, il y avait une chapelle, un ancien château. C'était un ancien rendez-vous de chasse d'Henri IV. C'était vraiment beau, mais c'était quand même délabré. Il y avait deux grandes pièces, on était douze personnes, on se demande quand même...

Mais c'était froid et ma tante avait déjà perdu un bébé. L'année d'après quand elle est retombée enceinte, elle a dit :

— Je n'accoucherai pas là, je ne vivrai pas là. Je vais aller à la chapelle.

Petit à petit, parce qu'il y avait beaucoup de bois, ils en ont vendu. Ce bois servait à faire la ligne de chemin de fer.

Il y avait un escalier, il est parti en Amérique.

Cette masse de pierre, ils n'avaient pas les moyens de l'entretenir.

Après ils se sont séparés, ils ont acheté une autre ferme juste à côté.

Ils sont partis là-bas et puis nous on est restés ici.

Quand on revient en arrière… La vie est meilleure quand on est passé par ça.

Il y avait un moment que je voulais venir faire un tour parce que j'étais ballotté en Bretagne et puis, on était tellement serrés, c'était après la guerre. Chez moi, ma mère étant décédée très jeune, on est restés orphelins bien sûr. J'avais sept ans quand ma mère est morte, je me rappelle la voir encore dans son lit de mort... oui, oui.

Il y avait ma sœur aînée qui avait onze ans, mon frère jumeau et puis ma sœur qui avait quatre ans. On a eu une vie dure aussi. La Bretagne, c'était un pays pauvre, on vivait de peu.

On vivait de peu.

Nous avions une grande maison avec un étage, toute une pièce en haut, toute une pièce en bas, alors, pour la séparation, on mettait des lits clos. J'ai dormi tout le temps dans un lit clos.

Je n'en ai pas emmené ici, ils ont tous été vendus juste avant la guerre. Mes parents, ils étaient fermiers, mais comme la maison était vraiment dans un état lamentable, les patrons ont fait une maison neuve, toute en pierres. Ils ont fait ça d'après leurs revenus quoi.

C'était quand même une belle maison, ce n'était pas grand non plus, mais enfin, c'était autre chose que ce qu'on avait avant quoi... Ils ont vendu tous les meubles, ils en ont acheté d'autres, neufs.

Mon père ne s'est pas remarié, sa sœur ne voulait pas qu'ils soient en exploitation avec un couple. Ils s'entendaient bien mon père et sa sœur. Elle n'a jamais voulu.

Moi, je n'étais pas destiné pour rester. Alors son père m'a dit :

— Allez viens, viens tout là-bas.

Et c'est comme ça que je suis venu. C'était en 47.

C'était la première fois que je venais. On en avait déjà eu des échos, c'était dans ma tête... Je voulais partir quoi, je voulais partir. J'ai toujours aimé la terre. Je voulais travailler la terre. Je voulais faire paysan ou agriculteur, ce que vous voulez... Mais là-bas ce n'était pas possible. Je n'étais pas destiné à rester sur cette exploitation puisque déjà les deux familles étaient là, moi il fallait que je trouve ailleurs.

Entre nos familles, il y avait un lien de grande amitié.

Et puis à ce moment-là, ses parents venaient justement aussi de perdre deux enfants. Dans la même année, ils ont perdu un fils de vingt-six ans, un autre de vingt-trois, alors bien sûr ça secoue un peu.

Enfin moi, je me trouvais bien ici. Je n'étais pas venu dans l'intention de rester, j'étais juste venu dans l'intention de voir un peu ce qui se passait ailleurs.

Je dis des fois à ma femme, si on me disait : « Repartir ! On te donnerait vingt ans. Repartir, refaire tout ce que tu as fait, exactement. » Je dis non. C'était dur hein, c'était dur.

Chez nous en Bretagne toutes les routes étaient goudronnées. Ici j'ai fait trois-cent-soixante mètres de route à la force des bras, en cassant des pierres. On est allés arracher les pierres dans le bois là-bas, dans l'ancienne carrière. Oh ! Elle n'est pas grande mais j'en ai sorti de la pierre !

La Bretagne, c'est par hameau si vous voulez. Vous avez cinq ou six fermes qui sont toutes ramassées, groupées là avec chacune son morceau de terre alors qu'ici toutes les fermes sont isolées. Automatiquement, les communes n'avaient pas les budgets pour empierrer.

Et puis ici, les femmes étaient toutes seules, alors qu'en Bretagne, devant le lavoir, c'était entre dix, quinze, vingt familles. C'était le rendez-vous. Je revois ma tante, quand elle allait laver, elle était contente de partir parce que c'était le commérage du bourg.

Ici, je me rappelle voir ma mère descendre la propriété. Il y avait un puits mais il y avait une fontaine et l'eau était bonne. Elle descendait avec sa brouette et sa lessiveuse de blanc. La fontaine était bien à trois ou quatre cents mètres. Des fois il faisait nuit, qu'elle n'était pas encore rentrée. Alors on descendait, on l'aidait à remonter cette brouette. L'hiver aussi. Après, mon père avait fait quand même une buanderie avec des bacs. Mais je me rappelle très bien la voir descendre avec sa brouette.

Ta mère, elle était tellement gentille. C'était les hommes qui avaient choisi de venir.

Papa avait le certificat d'études mais maman non. Elle était allée à l'école, elle savait lire, écrire, mais elle n'a pas eu le certificat.

Ton père il a eu beaucoup moins ces problèmes d'intégration, il n'a pas eu ces problèmes, je crois. Il était plus énergique. Les hommes avaient le marché, les foires et puis il allait presque tous les ans en Bretagne quand même. Pas tous les ans, mais des fois, il venait même deux fois dans l'année alors ça, ça entretenait quoi.

Maman n'a pas su monter à vélo tandis que mon père lui, il savait. Je me rappelle, une fois elle allait à Saint-Aubin, chez ma tante, c'était pour un service. Ma tante est morte jeune, en 40, en un mois. On partait toutes les deux avec le vélo mais elle n'a pas pu monter, on est arrivée à pied. Moi, je montais sur mon vélo, j'attendais qu'elle arrive. Ça en faisait quand même des kilomètres ...

Pour exploiter, c'était autre chose que maintenant. Tes parents exploitaient ici un peu comme ils faisaient en Bretagne. Il y avait les chevaux, les bœufs aussi mais ce qu'ils ont fait en arrivant ici ! Ils ont défriché beaucoup de bois, beaucoup, beaucoup.

C'était dur de travailler les terres. En Bretagne, c'était facile de travailler les terres. Vous savez, ce n'était pas évident du tout. Il fallait s'adapter aussi à ces terrains. Parce que le terrain ici, ce n'est pas la peine de labourer avant l'hiver.

Il y avait des pruniers partout ici avant. Ils ne faisaient pas vraiment le verger mais il y avait des pruniers.

Oh ! Je pense qu'ils en vont vu de dur au début. Ils en ont vu de dur au début, c'est sûr.

Oh ! Oui c'est trop, c'est trop.

La première année que je suis venu, on avait des poulains, huit ou neuf poulains. On les a tous attelés en faisant les semailles. Un, puis l'autre, on mettait ça entre deux chevaux âgés et ils étaient vite dressés, très très vite. Des chevaux de bretons.

Ici, ils ne savaient même pas ce que c'était que le beurre !
— Et alors qu'est-ce que vous vendez là ?
Les gens d'ici vous savez..., en 25 je vous parle, non, non, même pas le lait. Les femmes faisaient ça dans des plaques comme il faut, elles avaient des moules avec une vache dessus. C'était bien présenté quand même. Maman n'y allait pas au marché. C'était ma tante qui allait au marché d'Eymet, le jeudi. C'était un gros marché, et alors :
— Mais qu'est-ce que c'est que vous vendez là madame ?
Après, c'était des épiciers qui passaient, ils prenaient les œufs. Contre les œufs, on prenait de l'épicerie et des fois avec notre panier d'œufs on avait l'épicerie pour la semaine. C'était bien commode ça. Et puis on pouvait aller avec le car le jeudi matin. Il passait sur la vieille route de Lauzun parce qu'autrement, il y avait la voiture à cheval mais mon père, il n'était pas toujours prêt à partir au marché.
En 36, quand il y a eu la crise du blé, que le blé ne partait pas. Le bas de la maison était fait mais le haut n'était pas fait. On stockait le blé en haut.

C'est à partir de là qu'on a créé les organismes stockeurs. Tout le monde gardait le blé, les charançons s'y sont mis et ils ont tout perdu. Je me rappelle ton père en parler, de là on a créé les coopératives.
Je suis le seul de la famille à être venu ici.
J'ai été bien accueilli vraiment, surtout par mon beau-père et ma belle-mère. La mère de ma femme était vraiment une femme sympathique, très sympathique, ça m'a aidé aussi. Et puis, peut-être qu'elle a poussé aussi pour que sa fille me fréquente, je ne sais pas, je suppose, enfin de toutes façons, je la connaissais avant, alors, c'est arrivé comme ça.
Le 27 septembre 1947, c'est le jour de notre mariage.
On était allés au salon des mariés à Miramont, une trempe d'eau ! Alors on a fait le mariage dans un petit hangar, où on était une centaine de personnes. Toute ma Bretagne est venue, toute ma famille. J'avais deux sœurs, mon frère jumeau et un frère aîné. Ils étaient dans la marine tous les deux, mon frère aîné était capitaine de vaisseau.

Dans ma famille on a cette force peut-être, d'être comme un clan, c'est vrai aussi.

Ma famille, c'était un frère et une sœur mariés avec un frère et une sœur. C'était un mariage double si vous voulez, chose qui était fréquente en Bretagne.

On s'est mariés à Bourgougnague et puis le jour du mariage, il faisait tellement beau ! Il n'y avait pas de route. Il fallait venir ici, prendre la vieille route de Lauzun pour aller à Bourgougnague. On avait pris le car bleu d'Eymet et alors ils avaient mis un mauvais car. On ne tombe pas en panne avec le car ! Heureusement, il y avait quelques voitures quand même !

C'était bien chez les beaux-parents. Il y avait quand même quatre chambres en haut et une autre en bas, un séjour et la cuisine qui était grande. Ah ! Si, si, c'était une belle maison, une belle maison.

Je n'ai jamais eu de problèmes avec les gens ici. On a été quatre ans avec les beaux-parents et puis après bien sûr, on ne peut pas rester toujours comme ça, alors il fallait prendre des solutions. On est arrivés ici en 51. On avait été voir plusieurs exploitations et comme il y avait des Bretons ici :

— Ah mais il faut venir là, il faut venir là !

C'est comme ça qu'on a été attirés. Je ne regrette pas d'être venu parce que j'aime la terre, j'aime ma profession et puis il n'y avait pas moyen de rester là-bas. Ici, il y avait beaucoup d'autres familles bretonnes.

Quand ils nous voyaient rentrer du foin :

— Allez regarde-les là-bas, ils ont du foin.

Allez hop ! Ils arrivaient, ils nous aidaient. Ah oui, comme voisins au début on était bien tombés. Je dis qu'on a été gâté et nous de notre côté aussi on a fait le maximum, c'était réciproque quoi.

La première année qu'on est venus ici, on avait trimballé des bois qui avaient été arrachés et qui étaient restés comme ça pendant deux ou trois ans à cause de la guerre. On avait fait quand même dix hectares peut-être. On avait tout arraché à nouveau, et puis on a labouré ça avec les bœufs à l'époque. On avait même fait du blé noir, c'est rentré après dans l'exploitation. C'était pour nourrir les cochons.

On avait pas mal de cochons et puis, on ne pouvait pas les vendre. La meilleure façon c'était de les consommer sur place. Le lard, on le mettait dans la cheminée pour le fumer. On tuait des fois deux cochons par an.

On était quand même nombreux, on était quatre hommes. Il y avait un ouvrier en plus aussi. Il y avait du boulot. On a arraché beaucoup de bois, il fallait le faire, il fallait le livrer, ça employait tout l'hiver. Et c'était quand même un revenu aussi.

Je ne peux pas comparer avec maintenant, on ne peut pas comparer les époques. C'était une époque où vraiment il fallait faire différemment pour pouvoir s'en sortir.

Il y avait le clan des Bretons quand même, il n'y avait que des Bretons. Ils s'invitaient souvent entre eux. Il y avait ceux de Cadelech, après il y avait ceux d'Agnac. Ils allaient comme ça, en voiture à cheval.

Mon mari et moi, quand on est arrivés ici, on avait des chevaux. Une voiture à cheval était restée sur la propriété alors, comme on avait un garçon et une fille à ce moment-là, des bébés, quand on arrivait le dimanche chez mes parents, c'était avec la voiture à cheval. On faisait un repas. On se rencontrait très souvent, on était en famille. Si, si, quand on tuait le cochon, autour du 1er de l'an, autour des moissons... avec les autres Bretons.

Et puis à ce moment-là, il y avait les battages. On rentrait les gerbes, c'était des battages traditionnels. Des fois on me faisait chanter un peu en breton. Dans la famille, à la maison, on ne parlait pas le français. Je lisais couramment le breton. Les cantiques, on les connaissait puisqu'on les fréquentait, et puis d'autres chansons en breton.

L'abbé Mévellec, c'était l'aumônier des Bretons. Il rassemblait tout le monde une fois par an à la chapelle de Cadelech. C'était un office religieux.

L'évêque de Quimper est même venu. Il y a une chose que je veux vous dire, les Bretons qui sont arrivés ici, ils sont restés bien. Ils sont restés bien. Ah si, parce que sincèrement, quand on se rassemblait, ils étaient tous là. C'était quand même quelque chose de sérieux, pour un rien ça discutait, on arrêtait de faucher et puis on discutait et puis on repartait.

Il y avait les veillées par exemple. Si, si, ici aussi on faisait des veillées, tantôt chez l'un tantôt chez l'autre. On faisait la belote par exemple et ainsi de suite. Après, on avait créé un terrain de boules chez le voisin. Tous les dimanches après-midi, on se rendait là aux boules. On était une dizaine et on jouait.

On allait au cinéma à Eymet à vélo. Il n'y avait pas toujours de lumière, il fallait un clair de lune. Pour la messe de minuit, il fallait aller à Lauzun à pied, des fois il ne faisait pas chaud mais alors après, on se retrouvait à la veillée, ça aussi ces veillées de Noël, c'était beau.

Une chose aussi, on a perdu l'aîné de nos enfants, il avait onze ans. Trois ans d'hôpital, jour pour jour, la poliomyélite à l'époque. Il ne bougeait que la tête. Il est mort à Bayonne, ça a été terrible ça.

Je me demande… On est là des fois tous les deux, on discute… Je me demande comment on a passé tout ça.

Il n'y en a pas eu beaucoup qui sont repartis. Vous savez quand vous êtes dans un coin, si vous avez acheté par exemple, ce n'est pas évident de repartir et puis là-bas c'était fini, beaucoup de gens avaient des lopins de terre.

Il n'y en a qu'un, ils habitaient juste derrière, ils étaient de la même commune que chez nous en Bretagne et ils sont repartis là-bas avant la guerre. Les enfants étaient jeunes, ils étaient peut-être trop dans la religion, c'était de braves gens.

J'ai toujours eu des relations avec des gens d'ici. Je n'ai pas eu de problème d'intégration. Parce que j'ai tout mis de mon côté aussi, il faut être ouvert, c'est mon caractère.

J'aimais bien la Bretagne mais je ne suis pas nostalgique. Enfin, il y a quand même les racines qui sont là-bas. On aime aller y faire un tour.

Maman elle y est allée aussi, pas souvent, mais elle y est allée. Maintenant il a deux sœurs et moi, une là-bas en Bretagne.

J'ai coupé le blé à la faucille, j'ai coupé du foin avec la faux, en 46. J'avais fait trente-deux journées de file. On partait comme ça une dizaine, une quinzaine de jeunes. Quand je pense que j'ai fini sur une moissonneuse-batteuse …

On avait un vélo et je me disais quand même, j'espère que je pourrais acheter une mobylette, quelque chose qui porte. Vous vous rendez compte et bien j'étais plus content d'avoir acheté une mobylette que d'acheter une voiture maintenant.

Mais enfin, moi je dis une chose : quand on est passé par tout ça et quand on arrive à notre âge, je dis que la vie, à tout âge elle est belle, à condition qu'on ait la santé.

La vie est belle, moi je dis que la vie est belle !

De Lampaul-Guimiliau – Finistère - en 1925 et 1956
à Agnac - Lot-et-Garonne.

Nous, on est tout à fait du Nord Finistère. Ils étaient onze familles qui étaient descendues ensemble en 25.

Mes parents faisaient partie de ce voyage. Ils sont descendus avec trois enfants, la dernière avait trois mois. Moi je suis née ici, une famille de onze enfants au total.

Il y avait aussi les cousins. Ils ont débarqué à Eymet. Mon oncle était arrivé avant eux, un an avant, en 24.

Ma mère habitait à Guimiliau et mon père à Lampaul-Guimiliau.

Ils sont venus parce qu'ils n'avaient pas assez de travail là-bas, c'était trop peuplé et puis ils ont été dirigés vers ici. Monsieur De Guébriant s'en occupait. Mon père était né en 98, il est décédé en 68. Maman, elle est décédée en 89, elle avait 88 ou 89 ans.

Raconter le voyage ? Enfin le voyage, surtout leur pied-à-terre ici. Ils sont arrivés avec leur matériel, leur matériel vivant. Ils avaient mis toutes les bêtes ensemble dans un pré le jour où ils sont arrivés. Et puis le lendemain, chacun a reconnu ses bêtes. Ils ont laissé beaucoup, beaucoup…

Ils sont arrivés avec les bêtes et quelques outils. Et les chevaux. Ils travaillaient beaucoup avec les chevaux. Ils avaient démonté tous les meubles, les charrettes.

On me l'a raconté ce voyage, il fallait le faire.

Après, ça a pris du temps. Il fallait qu'ils aient confiance d'un côté et de l'autre. Ah si, ça a mis longtemps !

Heureusement, ils ne se trouvaient pas seuls et comme ils étaient vraiment croyants, tous les dimanches, ils se retrouvaient à la messe à Eymet. Ils ont travaillé souvent ensemble, au départ au moins. Après quand les enfants ont grandi, au fur et à mesure, ils se sont éloignés. Ma mère, elle a eu le cafard plusieurs fois, elle avait dit :

— Moi je suis contente de te suivre mais à condition que je revienne souvent en Bretagne.

Mais malheureusement presque tous les ans, elle se trouvait enceinte alors… Parce qu'elle a eu quatorze enfants.

Il y avait aussi les grands-parents, mon grand-père et ma grand-mère maternelle. Elle, elle ne parlait que le breton.

Mes parents parlaient breton aussi. Ils sont tous allés à l'école sans connaître un mot de français.

Ils ont appris petit à petit, mais après, une fois la langue mise en route, ça a vite évolué. Mes parents parlaient français aussi, si, si. Mais enfin quand ils voulaient cacher quelque chose, ils parlaient breton.

Quand ils étaient en Bretagne pardi, ils parlaient toujours le breton.

Moi je suis d'à côté, de Guiclan, commune qui touche Landivisiau.

Je suis arrivé tout seul, en 56, après les grands froids. Ah ! Ça a été dur, connaître personne…

J'ai trouvé une âme charitable pour me prendre.

Malheureusement, je n'ai pas connu ma mère. J'avais un mois quand elle est morte. Mes deux tantes, deux sœurs à ma mère, étaient ici. Alors j'étais venu faire un voyage. C'est comme ça qu'on s'est connus.

C'était un problème au début, je l'ai trouvé dur oui. C'est pour vous dire, le premier sol de dépiquage que j'ai fait, c'était chez un Polonais. Il y avait deux gars du pays, et ratatata, ratatatata… Toujours en patois. Le cousin arrive, il me parle breton. Les deux autres disent :

— Ah, ah ! Voilà, là on comprend rien ! »

Mais moi, depuis le matin je n'avais encore rien compris !

Après il s'est amouraché, des fois comme ça, ça arrive.

L'amour n'a pas de frontière.

On était, comment je vais vous dire, on était parents. Moi du côté de mon père, et lui du côté de sa mère, ça fait qu'on n'est pas parent entre nous. Après, on a pris la succession du père.

Pour mon père, je pense que c'était moins difficile que pour ma mère. Parce que les hommes ce n'est pas pareil, ils travaillent dehors, ils s'entraident, tandis que maman, on dit la mère au foyer, alors comme il y avait beaucoup d'enfants, elle était bien coincée à la maison.

Oui, je pense qu'il y a pas mal de dames qui auraient voulu revenir. Les hommes, ils se trouvaient souvent ensemble tandis que la mère, elle faisait la soupe, la soupe et le linge, le linge et tout.

Maman, elle a eu quatorze enfants mais ils n'en ont élevé que onze. Quand les aînés sont arrivés, il y avait une fille, alors elle a secondé. Moi, je suis au milieu. Ah ! Ça n'a pas été rigolo tous les jours ! On était treize à table.

Mes parents avaient acheté au châtelain d'Eymet. Il partait d'ici ou de plus loin à Eymet sans quitter ses terres !

Sa mère, elle allait vendre du beurre à Eymet. C'était la vente au détail. Mais les autres ne faisaient pas confiance aux Bretons. Ils coupaient la plaque de beurre en deux pour savoir s'il n'y avait pas des graviers ou quelque chose dedans.

Oui, très, très dur, combien de fois elle revenait en pleurant du marché. Elle allait à pied ou à bicyclette avec son guidon un peu creux et elle allait vendre son beurre.

Je n'aurais pas voulu vivre ça, ils étaient vraiment désorientés. Rien que le climat, tout ça… Et les terres, ce n'est pas les mêmes non plus.

Ils ont appris sur le tas. Ici les terres sont très dures à travailler alors que là-bas, c'est très facile. Oui mais voilà, il y avait trop de monde en Bretagne, voilà pourquoi ils n'y arrivaient pas.

Tous les Bretons faisaient du lait, à peu près tous. Mais les Gascons, ils étaient jaloux parce qu'ils disaient :

— Oh les Bretons, ils sont bien arrivés en sabots, ils repartiront pieds nus.

Il faut dire qu'ils avaient pris les terres du coin et puis les Italiens arrivaient à peu près en même temps. Au début, ils ne venaient pas aider, c'était chacun chez soi.

Ici, ce n'était que du bois jusqu'à la côte. Ils ont tout défriché. Ils ont été courageux. Ils avaient un genre de treuil que son père avait fabriqué. C'était un vieux manège pour faire tourner les machines, celles qui, autrefois, servaient à couper les bruyères, les racines, par exemple. Alors ils attachaient ça à deux arbres et ils tournaient, ils tournaient avec les chevaux.

Ils ont mis des années avant de récolter quelque chose.

Il y avait des pruniers un peu partout autrefois. Ils avaient quelque chose comme pruniers ! Et puis les céréales, et les chevaux, surtout les chevaux pour le travail. Son père il faisait «étalonnier».

Il y avait des vignes aussi là-haut sur le plateau, ils faisaient un peu de vin. Autrefois tout le monde avait sa vigne, il avait fallu apprendre.

On a connu la misère en Bretagne aussi, ça a été dur. Je suis venu m'installer ici mais mon père était resté en Bretagne, agriculteur aussi. La sœur de mon père était veuve de guerre alors ça faisait qu'on était huit enfants ensemble. J'ai été élevé par ma tante qui avait déjà des enfants, c'était moi le plus jeune.

À l'école, vous voulez que je vous dise, je n'ai pas travaillé à l'école. Au réfectoire, il y avait une table en travers là, ici il y en avait deux et une autre au fond. La première, à l'époque, c'était frites et tout ce qu'on voudra, les deux autres avaient un peu mieux que nous. Nous on avait la soupe un point c'est tout. Ça dépendait de ce qu'on payait.

C'était un curé qui était directeur d'école. Les parents portaient le ravitaillement.

Avec mon frère, combien de fois, on s'est parlés de ça ! On les voyait arriver, manger des frites, tout ça… On s'occupait vraiment des gars qui en avaient, tandis que nous…

Ça, c'est un lit clos transformé, ma sœur m'en a fait cadeau. J'ai dormi dans un lit clos. Il y en avait un dans chaque maison. Au bout de la table, il y avait un banc qui servait pour la table et pour aller au lit. Là, il y avait un petit rideau pour cacher. Un lit clos l'un à côté de l'autre, ça faisait une cloison.

J'évite de parler. De ne pas avoir connu ma mère, j'ai trop souffert. Pour vous dire, je me suis marié mais je ne connaissais rien du tout, je ne connaissais rien, heureusement que j'ai trouvé…

J'avais un vélo, c'est tout. J'ai travaillé ici à la ferme avec mes beaux parents.

Moi, j'allais à l'école à pied. On avait je ne sais pas combien de kilomètres, on s'en allait tous ensemble. On était en pension depuis la Toussaint jusqu'à Pâques, pendant les mauvais temps. Et après, pendant les beaux jours on avait cinq, six kilomètres et beaucoup de traverses. On n'avait pas ce trajet à faire, ni ce froid, pendant les mois d'hiver. On avait peur des chevaux. Ici il y en avait toute une ribambelle, de les voir galoper ça nous effrayait.

On était en pension, on était plus tranquille, on était mieux, mais enfin on regrettait quand même la maison. La maison, c'est la maison.

Nous c'était pareil, en Bretagne, on rentrait au mois de septembre jusqu'à Noël, à Noël, on avait quinze jours. Après, de février jusqu'à Pâques en pension, les pauvres sous les toits…

Ici, on nous poussait à aller au bal : « Aller au bal mais montrez l'exemple. » Ah moi, j'aimais aller au bal dans les villages, j'aimais aller danser. On était bien habillés. On n'avait pas de robe spéciale mais des toilettes coquettes. Le cabanon à Saint-Aubin, on y allait tous les samedis. Tout le monde se parlait là. Oh ! Oui, on en a fait quelques parties là.

Ce n'est pas forcément les plus pauvres qui sont partis de Bretagne. Chacun avait sa propriété quand même. Je vais vous dire, il y en a qui sont venus comme métayers ou fermiers dans un château plus loin et quand la propriétaire est décédée, elle leur a tout laissé, tout, les meubles, tout. Et la mère a dit, c'est trop beau pour nous, elle n'y croyait pas.

À Cadelech, on faisait la fête bretonne. Moi, j'étais gamine, j'y suis allée à la procession avec les fanions. Tous parlaient breton.

On participait aussi à la fête de Sainte-Anne à Eymet. Sainte-Anne, c'est aussi la fête d'Eymet. On a même eu plusieurs évêques qui sont venus. Il y avait la procession. Moi, j'ai promené Sainte-Anne à Eymet.

Autrefois il y avait l'épicier qui passait. On lui donnait les œufs, ce qu'on avait et on faisait les commissions avec ce qu'il donnait. Je faisais le beurre aussi. On mettait les bidons dans de l'eau fraîche mais avec les chaleurs d'été ! On vendait ce qu'on avait à vendre. On mangeait ce qu'il y avait à la ferme. Moi, j'emmenais le beurre à Bergerac aussi, je le portais chez un pâtissier. Il fallait d'abord aller à Eymet, le beurre sur le porte-bagage. On partait à cinq heures du matin. Le car s'arrêtait à la gare à Bergerac et après je faisais toute la rue Sainte-Catherine et un bout de l'autre rue, des mottes de trois kilos dans chaque main. Oh ! C'était une corvée ! J'ai aussi fait le porte à porte à Eymet pour vendre le beurre, plusieurs fois.

On mangeait des crêpes avec la farine de blé, on cultivait du blé noir.

C'est joli en fleur, c'est magnifique !

Maman nous faisait de la bouillie de blé aussi, avec de l'eau, dans la cocotte noire. Elle mettait la cocotte en fonte sur la table et on avait un bol de lait, chacun piochait dans le bol à bouillie. On faisait aussi le far de blé noir, le gâteau de blé noir, cuit dans un sac. Ma fille, elle en fait toujours. C'est une farine délayée avec des œufs, du lait, salé, poivré, bien mélangé, on met ça dans un sac spécial et on le cuit avec une viande, avec du porc. Comme je dis, il n'y a qu'avec ça que je me remplis le ventre.

Ça c'était souvent le dimanche, un peu le repas de fête.

Voilà le moule à beurre, deux cent cinquante grammes, il y en avait un dans chaque famille. On le remplissait et après on le renversait sur du papier sulfurisé, on pliait. Ah, ça faisait une jolie plaque de beurre ! Faire le beurre, tirer les vaches, c'était le travail des femmes. Je gardais les vaches le matin et le soir, fallait se rendre utile. Je tricotais en même temps. On jouait à saute-moutons si on était à plusieurs, ça dépendait de ce qu'on avait à garder. J'avais neuf, dix ans.

Je ramassais aussi les pommes de terre qu'on vendait.

L'abbé Mévellec, il s'occupait de la communauté bretonne. Il arrivait souvent au moment des repas, il fallait mettre une assiette de plus.

Il y avait un Breton qui avait marié une fille du pays et ça ne lui a pas plu. Il le lui a dit, il le lui a dit !

Ici à Agnac, il y avait un tiers Breton, un tiers Italien, un tiers Gascon à peu près.

On s'y est fait. On a quitté là-bas. Maintenant quitter ici ce serait dur.

Une de nos filles est repartie en Bretagne. Elle s'est mariée avec un Breton. Tous les ans, on va les voir. Ce n'est pas très loin d'où on vient.

J'ai encore mon frère et une sœur là-bas.

On est contents d'aller en Bretagne. C'est dur pour moi de revenir des fois.

Quand je vais en Bretagne, tout le monde me reconnaît.

De Guiscriff – Morbihan - en 1926
à Pardaillan – Lot-et-Garonne.

C'est la photo juste avant le départ. Nous, on est arrivés en 1926. Voici ma famille : mon père, ma mère et cinq filles. On était cinq filles. Ma sœur avait dix-huit ans, elle a le costume, moi j'avais neuf ans. Maman aussi a le costume. C'était la mode de Scaër dans le Morbihan. Je suis née à Guiscriff, à côté de Scaër. La vie en Bretagne, c'était difficile, ce n'était pas comme ici, du tout.

Mon père, c'est par des agents d'affaires qu'il est arrivé. Il est venu avant, avec un camarade, voir la propriété. Il nous a dit en revenant :

— Là-bas, on gardera pas les vaches, on les laisse dans les champs.

Parce que chez nous, il y avait des talus tout autour des prés, alors il fallait toujours les garder. Ici, on les gardait avec un fil de fer. On a quand même dû y aller quelquefois mais à des endroits, on pouvait les laisser. On clôturait avec un fil de fer.

Papa voulait venir ici parce qu'il avait eu assez de misère pendant la guerre. C'est moi, étant la troisième, qui l'ai sorti de là. Quand on avait trois enfants, on n'allait plus au front... Il avait envie d'aller plus loin, de sortir de Bretagne. Il était en fermage là-bas, il voulait s'étendre et puis acheter. Il y avait beaucoup de Bretons parce que les enfants des familles d'ici, ils apprenaient, ils prenaient de l'instruction puis ils allaient ailleurs. Beaucoup faisaient gendarmes, instituteurs, des choses comme ça.

Donc, il n'y avait plus personne pour reprendre les propriétés. À ce moment-là, ici, c'était la friche. C'est pour cette raison... Mon père et son camarade ont partagé une propriété : mon père, le côté vigne et lui, le côté élevage. C'était à Saint-Jean-de-Duras, à Pardaillan exactement. Mais après son camarade n'est pas bien resté, on a dû vendre.

Je me souviens du voyage, je vais vous raconter :

Mon père est parti avant, avec les vaches et les chevaux. Nous, quelqu'un nous a portées au train le lendemain, avec une carriole. Et moi comme une dégourdie, je me suis mise debout derrière. Quand le cheval est parti au galop, je suis tombée et je me suis ouverte le menton. J'ai fait le voyage comme ça, je m'en souviens !

On est allées prendre le train dans le Finistère, à Quimperlé, parce qu'il était direct pour Bordeaux. Arrivées à Bordeaux, j'ai entendu le chef de gare qui disait :

— Tout le monde descend ! Tout le monde descend !

C'était Bordeaux–Saint-Jean. Comme je savais qu'on allait du côté de Saint-Jean-de-Duras, je croyais qu'on était arrivées mais on n'était pas encore arrivées !

À la gare, ils m'ont fait un pansement, j'avais le menton comme ça, je m'en rappelle bien ! Après, on nous a mis dans un autre train pour venir jusqu'à Duras. Il y avait une ligne, elle a existé longtemps. Quand on est arrivées, un monsieur de Saint-Sernin est venu nous chercher.

Il avait une voiture en bois, la carrosserie était en bois. Et c'est lui qui nous a emmenées au lieu où on devait aller. Papa n'était pas encore arrivé. Les gens du coin, celui qui est venu nous chercher, sa femme et d'autres ont été très gentils. Ils nous ont aidés.

On se plaisait bien ici. On allait à l'école à pied avec les sabots. On allait à Saint-Jean-de-Duras parce que pour Pardaillan, il fallait faire trois kilomètres alors que Saint-Jean était à même pas un kilomètre. Au début, on était pris pour des étrangers. Il fallait emporter notre manger et on n'avait pas grand-chose, du pain, du beurre, des crêpes tant qu'on voulait mais pas de pâté, pas de saucisson. Alors après, on échangeait le beurre. Les garçons voulaient du beurre et ils nous donnaient leur saucisson. Ils ne savaient pas ce que c'était !

Mon père voulait faire du vin. Il ne connaissait pas mais il aimait ça. Il était débrouillard mon père, il était courageux. On avait des vaches, c'est maman qui faisait le beurre. Quand le grand-père, le voisin, a été bien malade, le docteur lui a dit :

— Il faut boire du lait.

Mais il n'en avait jamais bu de sa vie !

— Et alors mais où je vais trouver du lait ?

— Vous n'avez qu'à aller chez vos voisins, vous y allez de ma part.

Alors tous les matins, il venait chercher son lait. Mes sœurs, l'aînée et la seconde, elles allaient y vendanger parce qu'il avait beaucoup de vignes ce monsieur. Et on est restés amis, longtemps, longtemps. On avait d'autres amis, d'autres Bretons qui habitaient ce qu'on appelait le château. On avait aussi des chevaux, ils étaient gentils. Je mettais la jument Fanny contre un talus et je montais dessus, mes sœurs aussi.

C'est des bons souvenirs ça.

Mes parents n'y ont travaillé que deux ans finalement. On n'a pas eu beaucoup de chance parce que mon père est mort deux ans après, à quarante-huit ans. Il était gazé de la guerre de 14. Il a sulfaté comme ça se faisait autrefois et il a eu une pleurésie. Maman s'est retrouvée toute seule avec ses cinq filles. Le maire de Pardaillan s'est débrouillé pour qu'elle touche une pension de veuve de guerre. On était quatre pupilles de la nation et ça l'a beaucoup aidée. Elle pleurait souvent.

Bien sûr, elle avait laissé toute sa famille là-bas.

C'est ma sœur, elle avait dix-huit ans, qui a pris la direction. C'était la plus costaud. C'est elle qui savait tout, qui dirigeait tout. Un cousin de Bretagne est venu aider. Il a passé quelques temps, deux ans je crois et puis il est reparti, il s'ennuyait.

Repartir en Bretagne ? Refaire un train et tout ? Non, on s'est trouvés là, il fallait faire avec. C'était comme ça. Et puis qu'est-ce que vous voulez, nous les enfants, on s'habituait. On allait à l'école, ma sœur était à la maison, on est restés là. Pour faire les affaires du coin, les voisins étaient toujours là, ils nous ont aidés. Il y avait aussi leur grand-père, et quand ma sœur s'est mariée avec quelqu'un de Pardaillan, c'est lui qui l'a menée. On n'avait plus de papa et vraiment, il a été un grand-père. Maman a appris à faire la cuisine d'ici avec notre voisine.

Après, elle a loué un certain temps et puis, on a fini par revendre. Elle est venue à Eymet. Elle travaillait à l'usine. Mes sœurs allaient à l'école à Eymet, c'était plus commode. Maman travaillait à la conserverie et une de mes sœurs aussi, elle était secrétaire. C'était comme ça, il fallait bien se débrouiller.

On ne s'est pas étendus dans le pays puisque mon père était mort. Ça a tout coupé. On aurait eu certainement une autre vie.

À Eymet, on ne vivait pas comme des Bretons parce que ma mère allait à l'usine, nous à l'école et on n'avait rien à mettre au marché. On n'avait plus le cochon alors on faisait des échanges. Tous les Bretons n'étaient pas riches.

Moi, j'ai travaillé trois ans chez une famille. C'est la sœur de ma mère qui s'occupait de moi, je logeais chez elle. Je gardais les enfants de la famille où je travaillais, toute l'année. J'avais quatorze, quinze ans. Ils étaient de l'Eure. Il y avait quatre enfants quand je suis arrivée, cinq quand je suis partie. J'ai les certificats du patron encore. Une fois, ils étaient sur la côte en vacances et ils m'avaient emmenée. On était au Pouliguen, une plage. J'en ai profité, je suis allée chez mon grand-père dans le village où je suis née. J'avais une tante là-bas et j'ai fait le tour de la famille en vélo avec un cousin.

Mon grand-père, c'était le père de ma mère, il parlait breton et moi pas. Je le comprenais un peu, peut-être pas tous les mots, parce que comme j'étais allée deux ans à l'école au couvent, je parlais français. Quand j'étais au couvent, j'avais l'habit, tout noir. On était tous dans une école religieuse. Sur la photo là, j'avais eu un premier prix d'école. Ça me plaisait. Seulement pour aller à l'école, il fallait de l'argent et ma mère, elle n'en avait pas beaucoup. Il y avait encore deux sœurs après moi. À Saint-Jean-de-Duras, c'était une école laïque, ce n'était pas la même chose. On était plus tenus à l'école libre qu'à l'école laïque, et puis on parlait mieux. On avait peur des garçons, on était timide. Au couvent il n'y avait que des filles.

Le dimanche, à Guiscriff, pour aller à la messe, mes deux sœurs mettaient le costume breton. Mes parents parlaient breton, mais mon père parlait très bien le français, ma mère, non. Elle a appris ici. Ma sœur savait le breton mais elle l'a vite oublié.

J'étais à Eymet, en vacances chez maman et j'avais trouvé un travail tout de suite. Je faisais des vêtements de travail. Il fallait que je fasse un veston à l'heure, sans les boutonnières ni les boutons. Je ne coupais pas, j'assemblais. Le premier jour, j'ai pris une aiguille pour faufiler :

— Nom de Dieu ! On faufile pas chez moi !

Je me serai fichue dans un trou de rat ! J'avais l'envie de pleurer.

— Tu as ça à faire, démerde-toi, à six heures il faut que ce soit fini.

Quand je suis allée à midi chez maman, je lui ai dit :

— Jamais je vais y arriver !

Mais si, j'y suis arrivée, sans faufiler. Ces vestons avaient trois poches, des manches avec des poignées, un col.

— Tu commences par les poches !

C'était une machine électrique des années trente et quelques. Je ne m'en étais jamais servie. On commençait par ajuster les revers puis les cols. On faisait plus de huit heures de travail. Après il y avait une couture dans le dos, une couture de chaque côté, ici un revers, l'ourlet d'en bas, et puis les manches. Après on coupait les fils, ça faisait un tas. Quand on avait assemblé les gros morceaux, ça allait plus vite. Mais il était dur le patron, il ne fallait pas aller deux fois de suite aux cabinets !

Elle ne se plaignait pas maman.

Après on a grandi, mes deux sœurs se sont mariées et moi aussi, à Eymet, avec quelqu'un de Soumensac. Je l'avais déjà rencontré, vers quatorze ans. J'avais une copine, c'était la fille du boulanger. Il y avait une carriole pour porter le pain et on ne trouvait rien de mieux que d'aller jouer à la poupée dans la carriole. Et puis, il y a ces deux jeunes, dont mon mari, qui sont passés. Il a levé les brancards de la carriole et tout est tombé. Si on m'avait dit ce jour-là qu'il serait mon mari !

Voyez comment est la vie ! C'était la première rencontre.

Je me sens d'ici, mon mari était Gascon.

Mon mari avait une tante à Razac. Je suis allée à son enterrement. C'était pendant la guerre, et on n'était que des femmes pour porter le cercueil, c'était dur. Je n'ai plus beaucoup de famille là-bas. Je suis retournée en Bretagne avec ma fille et ma petite fille. On a fait le tour, on a vu mon cousin germain, il a pleuré. Sa femme portait encore la coiffe. Ma fille l'a mise et ça m'a rappelé notre lignée.

Mon père voulait voir plus loin, autrement on serait peut-être encore en Bretagne.

Il y a soixante-douze ans que je suis ici. Voilà ma vie. Je n'ai rien rajouté, tout est vrai.

Vous croyez que ça vaut la peine de raconter ?

De Guénin en 1926 et Pontivy en 1952 - Morbihan à Razac d'Eymet – Dordogne

Trois témoins :

- La mère : arrivée en 1950. Son mari breton de Guénin était arrivé avec ses parents en 1926.
- Sa fille : arrivée en 50, peu de temps après sa mère.
- Le mari de sa fille, issue d'une famille locale.

Mon mari est arrivé avant la guerre, avec son père, il avait seize ans. Il était né en 1910. Ils sont venus avec l'exode en 1926. Il est venu, voilà, parce qu'il y a eu une publicité et les terres n'étaient pas chères ici alors qu'en Bretagne c'était très cher. Alors, c'est pour ça qu'ils sont venus là. Toute la smala a suivi.

Je suis originaire du Morbihan, de Pontivy. Je suis venue ici en vacances en 42 et je suis arrivée en 50. Morbihan veut dire « petite mer. » Mon père était du Nord et ma mère était bretonne.

Je suis arrivée à huit ans, en 50, quand maman est venue nous chercher, mon frère, ma grand-mère et moi. C'était le désert ici. Le désert parce que chez nous c'était surpeuplé tandis qu'ici ça ne l'était pas à cette époque-là. Il y avait beaucoup de fermes qui étaient plus ou moins abandonnées alors que chez nous c'était surpeuplé, ce n'était pas pareil.

Le vice du grand-père, c'était la terre, ses parents étaient à la terre. Sa Bretagne ! Sa Bretagne ! Le pépé, il avait toute sa famille ici. Il les avait tous mis là.

Ils n'étaient pas trop soudés avec les voisins parce qu'il y avait trop de familles. C'est pour ça qu'ils étaient venus ici parce qu'ils étaient nombreux et ce n'était pas facile de se dessouder pour aller avec des voisins étrangers. Je l'ai toujours entendu dire que eux, ils n'avaient pas le choix quand ils sont venus ici. Comme c'était des familles nombreuses, soit il fallait prendre la mer soit venir ici. Ils étaient trop.

Moi c'est ce qu'il m'a dit le grand-père, j'aimais causer avec lui.

C'était un voyageur le Breton. N'importe quel pays lui allait, il s'acclimatait. Un journal faisait la publicité, mon beau-père s'est intéressé à ça et ils sont venus là.

Je suis née en 42 en Bretagne parce que mon père y est revenu travailler.

En Bretagne, je travaillais aux abattoirs et mon mari est venu comme tueur aux abattoirs. C'est là qu'on a fait connaissance, et puis on a fait plus que connaissance, je me suis mariée en 1936. Quand il m'a vue la première fois, il m'a dit bonjour madame. Il est arrivé à la maison, on avait une grande maison en face des abattoirs. Il s'amène, il dit :

— Bonjour madame, bonjour monsieur. Vous avez pas une chambre à louer ?

— Ah ! Je dis, non monsieur, ici on loue pas.

Il cherchait une chambre, il en a trouvé une après, en plein centre de la ville, dans une petite rue. Il paraît que c'était minable sa chambre, il ne m'a jamais emmenée dedans. J'avais dix-huit, vingt ans. Ma mère et moi on tuait les cochons et ma mère avait du mal à les vendre. Alors elle les fendait à la scie, ce n'était pas si bien qu'au couperet. Alors un beau jour, elle a accosté mon futur mari, elle lui a dit :

— Vous voulez pas fendre mon cochon, moi je ferai votre dégraisse[2].

---

2 Enlever la graisse de porc.

Alors elle a fait la dégraisse et lui il a fendu le cochon.

Après elle lui a dit :

— Vous voulez boire un café ?

Ah, économie de 10 centimes ! Vous rigolez vous, quand on n'est pas riche, on économise. Après, il a acheté une voiture, une petite voiture de rien du tout. La trèfle qu'on l'appelait, c'était comme un triangle, comme un triangle oui. Il n'y avait pas de portières, il n'y avait rien. Un beau jour je lui dis :

— Dites donc, vous voulez pas me conduire là-bas ?

Il y avait une quinzaine de kilomètres, j'avais du saindoux à mener.

— Ah si, payez l'essence et j'y vais.

Il m'a emmenée. Il y avait une jeune fille dans cette ferme-là :

— Tiens, je t'amène peut-être un fiancé.

— Oh ! elle me dit, ça, ça m'étonnerait, c'est plutôt à toi.

— Oh ! Ça, c'est pas sûr, hein.

Enfin bref, de fil en aiguille, la petite me dit :

— Dis donc, y'a une fête à Bieuzy, c'est à une vingtaine de kilomètres de Pontivy. Tu veux pas y venir ?

— Oh ! En vélo ça fait loin !

— Ça alors, mais monsieur là ?

Monsieur, il a sauté sur l'occasion :

— Payez l'essence et je vous y conduis.

On y est allés, on a dansé. J'aimais beaucoup danser. D'abord quand j'arrivais au bal, je n'en repartais que quand c'était fini et je n'arrêtais pas de danser, des danses modernes. Tandis que la ridée c'est une danse bretonne, c'est une ronde. Vous vous tenez par le petit doigt en principe, mais vous, vous en donnez un autre car vous risquez de le casser et vous dansez, et ydon et ydon !

Et puis le soir, il est revenu. Il n'avait pas de garage pour sa voiture. Ma mère lui a proposé de la mettre dans l'écurie. Alors lui, il était content, il faisait une économie de je ne sais pas quoi. Et alors, de fil en aiguille, j'allais acheter les cochons avec lui, on mettait un ou deux cochons derrière dans la voiture. Entre temps, j'avais attrapé mal aux reins parce que j'avais eu un fond de chagrin, bon passons et puis de fil en aiguille, on s'est mariés. Mais ça ne s'est pas fait de but en blanc. J'étais fille unique, alors les filles uniques, vous savez, c'est des choses qu'il faut protéger.

Je suis restée quarante-quatre ans mariée. Il avait six ans de plus que moi et il est parti. Pontivy, c'était la ville, je n'avais pas la même vie qu'ici, du tout.

Le grand-père, il voulait réunir sa famille, il a trouvé des terres. Il a pris la propriété pour faire venir son fils, c'était le seul garçon. Il a dit :

— Moi maintenant je suis trop vieux pour les prendre, est-ce que tu veux pas les prendre ?

C'est comme ça qu'on est venus.

J'avais appris le piano et le violon, tant qu'à faire, pour aller traire les vaches c'est épatant ! Bon, je me suis acclimatée avec mon mari mais j'ai pleuré plus d'une fois. Enfin, ça a marché quand même. Vous savez que la femme doit suivre son mari. Et puis, mon mari m'a dit :

— Tiens te voilà un seau, va traire !

Je suis allée traire et voilà. J'avais peur des vaches mais elles ne le savaient pas. Elles étaient gentilles quand même. D'un peu loin vous ne risquez pas grand-chose. Alors petit à petit, je me suis familiarisée et puis j'ai fait comme les copines, j'ai pris un petit tabouret et j'ai trait.

Où elle était ma ville ! Où était ma ville !

Mais la femme suit son mari et puis ça s'est bien passé. J'avais un mari très gentil. Il fallait travailler, ça c'est sûr! Mais enfin il vous mettait à l'aise et ça s'est bien passé.

Il a fallu d'abord que je m'acclimate à la terre puisque je n'y connaissais absolument rien et puis petit à petit, bon, ça s'est fait. Je suis allée chercher mes deux loupiots et ma mère. Elle aimait bien ici. Et là alors, c'était le paradis. Oui parce que, quand on est séparé de ses enfants, ça ne marche pas.

On est arrivés avec nos bêtes, des vaches, il y en avait passablement. Il y avait surtout un handicap, c'était pour vendre le beurre, les gens n'aiment pas le beurre ici et c'est rien de le dire. Au début j'étais sur le marché comme tout le monde, je partais à vélo.

Le marché, c'était celui de Bergerac. Maman, c'était une as du vélo !

À vélo et à la fraîcheur à cause du beurre, ce sacré beurre. Et puis un beau jour, j'en ai eu marre parce que les bonnes femmes elles étaient toujours comme ça avec leurs ongles. Elles goûtaient et patali, patala ! Ça commençait à bien faire, je suis allée dans une pâtisserie, la plus grande pâtisserie de Bergerac et j'ai posé mon beurre au monsieur et puis il m'a dit :

— Laissez-le, on verra…

Ça a continué, je lui amenais mon beurre toutes les semaines.

Moi, en arrivant ici, j'étais heureuse. J'avais mes cousins, mes cousines, on gardait les vaches avec ma grand-mère, elle aimait ça. Il y avait deux ou trois pépés dans le coin. Ils lui racontaient les nouvelles.

Elle était contente d'être ici.

Le grand-père avait loué cette propriété et puis après le propriétaire a voulu la vendre. Mes parents l'ont achetée, voilà. On faisait l'entraide. J'allais faire les charrettes des autres, les gerbes, souvent c'était chez la famille.

Les voisins nous ont bien accueillis, si vous voulez.

Et bien oui, mais des fois ils disaient :

– Les patates pour les cochons, les épluchures pour les Bretons !

Les premiers Bretons qui sont venus par l'exode, comme les beaux-parents de ma belle-mère, oui, ils ont été bien accueillis. L'amitié s'est faite, c'était juste après la guerre, tandis que eux après, en 52, ça ne se faisait plus. On commençait même à rouler des mécaniques. Moi je suis né à Saint-Aubin et je suis allé à l'école à Saint-Aubin, je connais tout le monde de Saint-Aubin.

Moi je me suis bien rendue compte que je n'étais pas du pays et puis dans certains magasins on me le faisait sentir, il y avait un petit écart.

À l'école ici, le maître était sévère. Il y avait de la discipline mais il était bien. Moi, je l'ai bien apprécié parce qu'il m'a énormément encouragée pour le Certificat d'Études, il m'a dit :

— Je t'ai fait voir ma façon méchante mais tu as été une bonne élève.

Il était gentil sous ce voile rude, dur.

Une fois, j'avais demandé à mes camarades où était le touron. Ça faisait trois ans que j'étais à l'école et je n'avais pas vu le touron. Tout le monde parlait du touron.

On est partis voir… Mais il y en a un heureusement qui est resté à la traîne et qui a vu le grand bonhomme avec sa blouse grise à quelques mètres de nous ! J'ai vu en vitesse le touron, il a fallu monter un petit sentier, on était sept ou huit. Deux passaient bien mais pas huit ! Ça a passé quand même !

C'était après l'école mais on n'avait pas à traîner. On devait prendre la route et filer chez nous. Le lendemain, il a fallu s'expliquer.

Le maître avait vu qui y était, alors on ne pouvait pas mentir.

Le touron, c'est une source qui sort des rochers, très bonne. C'est joli ces pierres qu'il y avait pour rincer le linge.

Il y a eu une fête bretonne à Cadelech, là où ils ont fondu la cloche.

La cloche de Cadelech, c'était quelque chose, mon fils a habité dans une ferme juste à côté de l'église.

Il y avait beaucoup de Bretons dans le coin. Mon père, il les voyait, il aimait discuter et faire connaissance.

On s'est bien acclimatés dans le pays et puis voilà, il y avait peut-être des choses qui me manquaient.

Je me suis sentie un peu seule.

Une fois, je suis allée dire un bonjour en Bretagne à quelques tantes, mais on ne se fréquentait pas, j'étais sauvage de nature.

Pour mon mari, il y avait le travail qui comptait, un point c'est tout. Il n'y avait pas de dimanches, pas de jours de fêtes. Il fallait bosser mais ça ne m'a pas tuée.

Le violon et le piano, ah ! Hélas. Je n'y ai plus pensé et puis je vais vous dire autre chose, pour être très franche, je n'avais pas l'oreille musicale et alors pour le piano ça va bien mais le violon, il faut faire ses notes et alors ce n'était pas merveilleux.

Ah oui ! Je l'ai emmené mon violon. Il est chez une de mes petites filles.

Je me sens toujours bretonne, je suis née là-bas.

J'avais des attaches, ça m'est resté.

L'ambiance, ici, avant qu'on vous accepte, il faut mettre un moment. En Bretagne, on vous accepte plus facilement.

Les Bretons, c'étaient des gens qui vivaient assez chichement.

Ce qu'on mangeait beaucoup en Bretagne, c'était le pain au lard. Une tartine de pain noir avec un morceau de lard dessus. Ici c'était des gens riches.

Mais non, on n'était pas riche. Mes parents étaient métayers mais on mangeait des confits de canard.

Je n'ai pas à me plaindre de ma vie. Avec mon mari, j'ai bossé bien sûr mais on a eu des passages de chance quand même et alors on a continué notre route.

De Plénée-Jugon – Côtes d'Armor - en 1927
à Eymet – Dordogne.

Quand on s'est mariés, je lui ai dit que je voulais connaître sa famille de Bretagne. On s'est décidés. Sa mère à l'époque était bien, alerte, jeune :

— Allez, allez, fichez le camp en Bretagne !

Quand ils ont su là-bas que la Dordogne remontait en Bretagne, tout le monde parlait :

— On a des cousins de Dordogne qui arrivent ! On les connaît pas, on sait pas pourquoi !

Alors, ils ont remonté la filière, depuis son grand-père qui était parti de Bretagne et ils ont écrit.

C'est mon grand-père qui est arrivé en premier en 27, mon père avait cinq ans. Il avait vendu un peu des terres.

Il est venu voir où il pouvait s'installer. Il a trouvé là et il est reparti chercher la famille. Ils sont arrivés en train la première fois.

Mon oncle avait douze ans. Il est descendu avec les chevaux et la charrette, tout seul. Il avait mis trois semaines, je crois.

Ils sont arrivés à Eymet, il est venu acheter une petite ferme là.

Là-bas, il y avait un manque de terre pour s'agrandir, ils étaient nombreux, et ici ils cherchaient du personnel pour exploiter. Il a eu trois enfants. Mon grand-père avait une demi-sœur. Il y avait eu des mariages et des remariages dans sa famille. Du côté de ma grand-mère, ils étaient plus nombreux. Elle avait quatre frères et une sœur.

La mémé ne se plaisait pas ici, et en plus de ça, elle avait perdu sa fille de vingt ans. Moi je ne me rappelle pas de cette tante, je devais avoir cinq ans.

Mes grands-parents ne sont jamais remontés. Le grand-père est décédé en 56, j'avais dix ans. Il était mal vu là-bas, la jalousie…

Sa mère nous l'a souvent dit parce que, en Dordogne, c'était un pays où on vivait bien, c'était le richard. Il était venu chercher la richesse. Elle disait qu'ils avaient trouvé des terres super ici et puis il y avait des bâtiments, c'est ça qui les intéressait surtout.

Là où ils étaient, ils ne pouvaient pas s'agrandir. C'était au bord de la ville.

Ils avaient un patois, ils étaient de Plénée-Jugon.

Ils travaillaient avec leurs chevaux. Ils n'ont pas pris les vaches comme les gens d'ici. Je pense que le grand-père en a fait venir beaucoup. Je crois que c'était lui qui était parti le premier, voir ce qu'il y avait, et dire aux autres : « Y'a ça, y'a ça… »

Sa mère disait aussi que là-bas, dans chaque famille, il devait y avoir un garçon et une fille dans les ordres et ils fuyaient ça aussi. Moi, je l'ai souvent entendu le dire.

Le grand-père, il allait au marché avec la charrette et le cheval. Ma grand-mère, c'est elle qui avait beaucoup donné la tradition à ma mère. Maman a fait du beurre longtemps, longtemps. Je m'en souviens, j'avais quinze ans, elle en vendait un peu à l'école à l'époque.

Maman était d'origine italienne. Elle était née en 27, ici. Donc, ils sont arrivés avant la guerre. Ils sont venus trois ou quatre frères. Il en était resté autant là-bas. Ceux qui étaient venus ici devaient envoyer l'argent en Italie, au patriarche. Et un beau jour quand ils y sont allés, ils se sont aperçus que là-bas c'était le luxe et ici ils étaient métayers. On y a encore de la famille. Mais il n'y a plus de lien, on n'y va jamais.

Tous les ans, on envoyait un quart de vin en Bretagne. Avec le cheval et la carriole, je le portais au train à Eymet. Je me rappelle avoir porté avec mon père le quart de vin et être revenu le chercher quinze jours après plein de cidre, trente litres. C'était plein. Ici ils en faisaient un peu du cidre, il y avait quelques pommiers. Mon grand-père en faisait et moi aussi.

Ça remonte à trente ans. On allait chercher des pommes pour les vaches et je t'ai dit : « Si on faisait du cidre ? »

C'était pour la consommation personnelle.

Quand on est remontés en Bretagne, son papa était décédé depuis longtemps. Ils l'ont tous regardé :

— Mais c'est pas possible !

Ils ont cru que son père était revenu.

Ce que je sais un peu plus, je le sais par mon cousin de Bretagne. Il s'est toujours intéressé à tout et son père était comme ça. On a beaucoup de cousins du côté de la grand-mère. À chaque fois qu'on y va, il en retrouve encore. Il est venu ici, on va là-bas, on y reste… Ils sont très, très gentils. J'y suis allé souvent jusqu'à vingt ans, et puis après le grand bond, j'y suis revenu à quarante ans.

Le grand-père avait fait ça comme un coup de tête. Avec la famille, ça n'a pas marché comme il aurait voulu. On m'a toujours dit qu'il avait son caractère. Et puis, sa fille est décédée, son deuxième fils a divorcé, il n'a pas pu garder les propriétés. Ce qui les avait le plus martyrisés, c'était la mort de leur fille. Ma grand-mère s'est pendue et c'est moi qui l'ai découverte.

Mes frères n'ont pas vraiment gardé ce contact avec la Bretagne. Un est monté une fois parce que le père était encore là et il voulait y aller. Les autres non, ça ne leur plaît pas.

Ma mère, elle a donné les coiffes, les photos souvent, le galetier….

On aurait été plus jeunes et on n'aurait pas eu la propriété, je serais resté là-bas.

On a la succession : la fille, elle a le savoir faire.

Elle, elle est bretonne, elle fait la galette avec le blé noir.

De Pleucadeuc – Morbihan - en 1927
à Saint-Aubin-de-Cadelech - Dordogne.

Mes parents sont arrivés en 1927, en septembre, à Saint-Aubin-de-Cadelech.

Ils sont arrivés là avec le train. Ils emmenaient tout le matériel qu'ils avaient, les bêtes, les vaches, les cochons... Enfin tout a suivi et ils sont arrivés là. Ils n'avaient pas de chevaux, non, des poules peut-être, je ne sais pas.

J'avais trois frères et une sœur qui étaient nés en Bretagne. Mon frère avait dix ans de plus que moi.

À ce moment-là, il y avait beaucoup de gens de Bretagne qui venaient dans la région. Là-bas, il paraît que ce n'était que des petites propriétés et que pour vivre c'était trop difficile. Ici on pouvait trouver des propriétés plus grandes. C'est un Breton qui était déjà là qui leur a trouvé cette petite propriété. Ils ne sont même pas venus voir avant. Ils sont arrivés comme ça.

Chaque jour qui passait, maman disait :

— Ce maudit train qui m'a amenée ici, si je pouvais le reprendre pour repartir.

Oui, tout le temps, elle l'a dit. Seulement pour s'en retourner, ce n'était pas facile. Elle ne pouvait pas laisser mon père là avec les enfants. Elle regrettait sa famille, c'est tout ce qu'elle regrettait. Elle ne regrettait pas l'endroit. Elle avait des sœurs, elles étaient cinq je crois.

Après, maman était tombée malade, et moi je suis arrivée. Je suis née ici, en juin 1928. Elle a été si malade ! Les docteurs venaient, il y en avait même deux à un moment donné. Ils se sont croisés, l'un s'en allait, l'autre venait. Une fois, ma mère commençait déjà à aller un tout petit mieux, un docteur est entré, il lui a dit :

— C'est moi qui suis là, le docteur.

— Oh! Je le vois que c'est vous, je le vois que c'est vous.

— Vous venez me chercher quand vous êtes presque morte.

Chaque fois que les cloches sonnaient, les gens d'à côté disaient :

— Ce doit être la Bretonne qui est morte.

Ce n'étaient pas des Bretons, c'était des gens d'ici, très gentils. C'était donc l'année où il a fait si froid et c'était mon frère aîné qui s'occupait de moi. Il me faisait boire le lait mais au verre alors maman lui disait :

— Elle a bu son lait ?

— Oui, oui, elle a tout bu.

Je n'en avais pas vraiment bu. Le lait dégoulinait sur le tablier et comme il faisait très froid, ça gelait au fur et à mesure sur moi. C'était mon frère aîné, il fallait qu'il s'occupe des autres. Mon père avait assez à s'occuper et maman n'y arrivait pas.

Je devais avoir cinq ans quand on est partis à Cadelech, à côté de l'église.

Ils sont allés là en attendant de trouver autre chose. On y est restés deux ans. J'allais souvent manger chez une copine bretonne de mon âge. On allait s'amuser toutes les deux. Il y avait des fêtes religieuses mais je n'y suis jamais allée. On a des cousins à la femme de mon frère aîné qui venaient du Finistère, eux ils étaient plus religieux.

Après, on est venus en dessous de Falgueyrat. Les enfants étaient déjà un peu plus grands, les années avaient passé. Maman a moins pensé à sa Bretagne. Et puis elle savait qu'elle était là. Un oncle, un frère à mon père, était venu aussi mais je ne sais pas si c'était en même temps. À part lui, personne ne les a rejoints.

Mes parents n'avaient pas acheté, ils étaient métayers. Ils n'ont jamais acheté. Ici, à Falgueyrat, ils étaient chez le comte. Le comte, il avait je ne sais pas combien de propriétés. Il était gentil. Il venait à la maison et comme il n'y avait pas beaucoup de transport à l'époque, quand il voulait aller à Castillonnés, il fallait atteler le cheval et la voiture et on l'emmenait. Là-bas, il avait une petite grange, alors on attachait le cheval et puis il allait chez d'autres, sans doute nobles comme lui, certainement il n'allait pas faire ses courses.

Le comte, il venait souvent quand maman était en train de traire. Il marchait sur le trottoir, alors elle lui disait :

— Vous savez, vous allez vous salir les pieds Monsieur le Comte.

— Ah non, non j'aime bien voir les gens s'occuper des bêtes.

La propriété était grande et là ils se sont bien sortis d'affaire.

Mes parents n'ont jamais parlé breton même entre eux. Non, c'était un français mal parlé, écorché un peu. Mais ce n'était pas le vrai breton. Je ne l'ai jamais entendu.

Maman s'occupait des vaches. Elle allait traire et elle faisait du beurre. Elle le faisait avec sa baratte. Elle le mettait sur des plaques ovales et puis elle faisait des petites fleurs dessus, c'était bien présenté. Elle allait le vendre à Bergerac par le train. Elle n'était pas arrivée, elle n'avait pas déballé que ça y était, il n'y en avait plus. On lui disait :

— Votre beurre, il a goût de noisette.

Et puis il était tellement bien préparé que ça donnait envie. Elle allait aussi à Eymet à vélo vendre des poulets.

Je suis allée à l'école ici jusqu'au Certificat d'Études. On était plus de quarante élèves. La demoiselle faisait tous les cours et on était à l'étude tous les soirs. Mon plus beau cadeau de Noël, ça a été un cartable pour aller à l'école. J'étais aux anges parce que moi j'aimais l'école. J'aimais mais j'avais toujours peur de ne pas savoir. Alors j'y allais avec cette sensation, la peur d'être punie parce que je n'allais pas savoir faire. Oh la, la ! Ça je m'en rappelle. L'institutrice me disait souvent :

— Il y a des fois où tu mérites des punitions mais enfin bon, tu me fais tellement de la peine que je ne te punis pas.

Le soir, j'allais souvent garder les vaches quand j'arrivais de l'école. Mon quatre heures était prêt et mon père disait :

— Tu vas prendre ton cartable avec tes livres et tout et tu pars garder les vaches à tel endroit.

Alors je partais et puis j'étudiais en gardant les vaches. Quelquefois, c'était dans un grand champ isolé. Ça allait parce qu'on savait que les vaches ne risquaient rien. Mais d'autres fois, j'étais à côté d'un beau champ de blé, alors là, je n'avais même pas le temps de m'asseoir. Je faisais quand même mes devoirs. Le soir, j'allais au lit et je révisais et alors, quand j'oubliais un mot ou n'importe quoi, j'appelais maman :

— Tu ne pourrais pas aller chercher mon livre parce que je me rappelle plus.

— Et tu peux pas y aller toi-même, elle me disait.

— Oui, mais moi je suis au lit, je suis au chaud.

Alors c'est elle qui y allait et voilà. Je m'endormais quand je savais ma leçon par cœur. À midi, on revenait manger chez nous. Quand elle nous voyait arriver en haut de la côte, là-bas, à pied, elle disait :

— Té aujourd'hui, elle ne va pas manger, je la vois avec son mouchoir à la main.

Et je pleurais parce que je n'avais pas su faire quelque chose.

Mes enfants sont tous venus dans cette école aussi. C'est ma dernière qui a clôturé parce qu'après ça, l'école a été fermée en 70.

Je n'ai jamais aimé le beurre. Maman, elle s'était mise à faire la cuisine d'ici. Ce n'était pas des plats raffinés peut-être mais à la longue, elle s'y était bien faite. Et tous les mariages qu'on a faits… Mon frère, l'aîné, il s'est marié au-dessus de la boulangerie. Il y avait un grand grenier où ils stockaient le blé. Des Bretons sont venus pour ce mariage, des cousins qui habitaient au-dessus d'Yssigeac. On ne se fréquentait pas beaucoup.

Le soir, ce qu'elle faisait souvent Maman, c'était des bouillies avec de la farine de blé. On aimait bien, c'était une bouillie épaisse.

Ils sont restés tout le temps à Falgueyrat. Mon père y est mort à soixante-deux ans et maman, je l'ai gardée jusqu'en 85. Mon mari et moi, on avait construit la maison, et on a lui proposé de venir avec mon frère. Ils sont venus un mois après nous, elle m'a dit :

— Oh ! C'est le plus beau cadeau que tu puisses me faire.

J'ai des cousins, là, qui viennent de temps en temps. Ils vont plutôt chez mes enfants parce que c'est de leur âge. On a toujours gardé des relations, oui.

Maman y est retournée une fois et encore pas longtemps. Elle y est allée avec ma sœur et mon frère pour un mariage. Ils sont restés deux ou trois jours parce qu'elle avait laissé mon père tout seul.

Quand on y est allés, avec mon mari, c'est une cousine qui nous avait emmenés visiter d'autres cousins. J'ai dit :

— Je voudrais bien voir quand même la maison où habitaient mes parents quand ils étaient là.

On y est allés et tout ça m'avait fait plaisir. Parce que j'ai vu où allaient galoper mes frères et ma sœur.

Tous ces gens qui sont venus, ils ont tous travaillé la terre. On n'en demande jamais assez des choses quand les parents sont en vie.

Quand les parents meurent, la vie n'est plus la même, on part chacun de son côté.

De Trémeur – Côtes d'Armor - en 1927
à Plaisance - Dordogne.

Je ne suis que la troisième génération. Ce sont mes grands-parents qui sont arrivés en 1927. Mon grand-père s'est marié en 1919 avec une veuve de guerre. Un frère a suivi. Il s'était installé à Pardaillan, à côté de Duras. Il est arrivé en 28, je l'ai très bien connu. Nous sommes deux familles réunies par la guerre de 14 : Ma grand-mère s'était déjà mariée et elle était veuve en 1915. Elle avait déjà deux enfants. Ils ont eu cinq enfants en tout. Ils venaient de Trémeur, mon père est né ici. Ils sont venus avec leur cheptel. Ça se résumait à quatre vaches et un cheval, des meubles et la carriole.

Malheureusement, il y a eu un événement, la guerre de 14-18. Vous voyez les monuments aux morts ? Ici, ils sont abondamment garnis mais, il faut quand même dire une chose, les cinq départements bretons, c'est la région française qui a le plus donné. C'était des départements très peuplés.

Malgré ces morts, ils manquaient de place.

En Bretagne, il n'y avait plus assez de terre pour les bouches à nourrir. Mon père m'avait dit qu'il y avait une organisation pour inciter les Bretons à venir dans le Sud-Ouest. Il y avait beaucoup plus d'espace ici alors on leur faisait miroiter vingt, vingt-cinq, trente hectares. J'ai toujours entendu la chose m'être présentée comme ça :

— Si vous pouviez aller là-bas, il y a des terres à prendre, essayez, tentez votre chance.

Ce n'était pas les mêmes terres. Ils s'en sont très vite aperçus. Ils ont atterri à Marquant dans la commune de Plaisance. Ils n'y sont restés que neuf mois. Ils sont arrivés au mois de novembre et ils sont repartis l'an d'après, au mois de juillet.

Après, ils sont allés à Saint-Colomb-de-Lauzun et puis, ils ont tourbillonné un peu dans le coin pour finir à Saint-Aubin en 1944. Ils étaient métayers.

J'ai bien connu un autre Breton. Il arrivait de Landivisiau et il m'a dit que sur la commune de Sainte-Sabine entre 1925 et 1935, il y a eu quarante familles de Bretons qui s'étaient installées.

Il me l'a dit, c'était l'exode.

Je suis né là en 1944. Ma grand-mère je l'ai bien connue, mon grand-père non, il est mort en 45. Je ne peux vous dire que par les on-dit, le vécu de la famille.

Moi j'ai toujours le cœur breton, c'est comme ça, un Breton du Sud-Ouest. Il y avait les réunions de famille et puis les contacts. On allait à la foire de la Sainte-Catherine à Eymet. C'était un vrai rassemblement de Bretons ! Ce jour-là, c'était sacré, tous les Bretons mangeaient ensemble derrière l'église. Ils étaient au moins cent. C'est comme ça, l'un amenait l'autre… De partout ça venait.

Je me rappelle très bien. On arrivait à Eymet avec la voiture à cheval, on l'attachait, mon père donnait je ne sais pas combien pour le seau d'avoine et la petite botte de foin. Il y avait quatre-vingt chevaux. Le Boulevard National, c'était une route caillassée. Dans toute la partie haute, c'était la foire aux cochons jusqu'après la gendarmerie.

Des gens venaient des Pyrénées, de Jumilhac-le-Grand, de partout. C'était la plus grande foire, très prisée par les négociants parce qu'on y négociait vraiment. J'ai connu des Sainte-Catherine, il faisait très froid, il fallait taper des pieds ! Même une année, ils ont fait ouvrir l'église pour manger, tellement il faisait froid !

Mes parents traitaient plutôt avec les maquignons locaux. Ils allaient à la foire pour acheter tout ce qui était quincaillerie et puis surtout pour acheter le cochon. Le cochon, c'était primordial. Qui ne tuait pas un ou deux cochons dans l'année crevait de faim. C'était comme ça.

Il y avait autre chose aussi. Ceux qui avaient fait la guerre de 14 étaient toujours à part. Ils avaient tellement souffert dans les tranchées que les femmes les laissaient tranquilles. C'était des gens, chapeau bas quoi ! Ils discutaient. Ceux qui étaient de l'Argoat leur breton, ceux de l'Armor leur patois, déjà ça faisait deux clans. Ceux qui parlaient le vrai breton, ils étaient quand même à part. Ils parlaient aussi le français. Mes parents des Côtes d'Armor, on les appelait les faux Bretons.

Il y en avait un, des fois il prenait son cheval qui s'appelait Blond et il partait avec sa carriole à Eymet à la foire. Et puis, avec d'autres, ils se réunissaient à la Toque blanche et ils faisaient le repas, bien arrosé quoi. Ils avaient tous fait la guerre de 14. Quand il fallait repartir, des fois on le mettait dans la carriole et on ne se tracassait plus parce que Blond le ramenait tout seul. Le cheval s'arrêtait au carrefour et puis il repartait ! Lui, il avait déboisé toutes ses parcelles à la pioche. C'était des genévriers m'a dit mon père, tout à la pioche.

Les Bretons ont amené, ça mon père me l'a toujours dit, la charrue à versoirs, la charrue à deux socs. Quand ils sont arrivés, c'était encore l'araire. Ils ont amené la charrue réversible et les chevaux. Ici, on ne connaissait que les bœufs ou les vaches.

Mon grand-père a toujours eu un cheval si ce n'est deux et mon oncle, ça je l'ai vu de mes propres yeux, il a toujours labouré avec des chevaux. Il avait une jument de guide, elle ne marchait qu'à la parole. Elle mordait. Une fois, elle lui avait mangé la phalange d'un pouce. J'y étais, j'ai vu le moment où il la tuait mais il ne l'a même pas vendue parce que c'était sa jument de tête de labour. Plus tard, pour raisons de santé, dans les années 59, 60, il est passé au fameux tracteur Société Française, le gros tracteur.

Ça se passait bien avec les gens d'ici et les Italiens. C'est plus tard qu'il y a eu antagonisme. Ça venait de la guerre de 40.

En 14, mon propre grand-père est parti sur le front d'Italie défendre les Italiens contre les Autrichiens et en 40, les Italiens se sont mis avec Hitler pour nous recasser la figure. Mais enfin ça a démarré dans les années 30 parce que les Italiens prenaient autant de propriétés que les Bretons. Ils amenaient des façons de travailler qui n'étaient pas celles des Bretons et des Français. Et puis, la langue italienne d'un côté, la langue bretonne de l'autre, le français au milieu, il y avait incompréhension.

Mais quand même, il y avait l'entraide. Faut pas dire, il y avait l'entraide.

Alors après, quand un s'attaquait à une Italienne, je ne vous dis pas le scandale ! Moi le premier ! Ma femme est de souche italienne… Sur six enfants, trois se sont mariés avec des Italiennes.

C'était ma grand-mère qui prenait les grandes décisions. Quand mon grand-père est décédé, mon oncle a travaillé un peu la terre et mon père est parti dans une ferme. Après, de domestique agricole il est devenu le métayer de cette ferme où il est resté soixante-cinq ans. Mes parents sont restés soixante-cinq ans au même endroit.

Comme rassemblement des Bretons, dans les années 30, il y avait aussi le Pardon à Cadelech. Le maître d'œuvre de tout ça, c'était un Breton de la première génération qui habitait Saint-Aubin. Ils étaient beaucoup ancrés dans la religion les Bretons, d'ailleurs ma grand-mère avait failli entrer dans les ordres. J'y suis allé quelque fois mais je n'en ai pas trop de souvenirs.

À Saint-Aubin, des Bretons ont été conseillers municipaux. Ils se sont intégrés et pareil avec les Italiens. L'équipe de football aussi a joué un rôle pour l'intégration. Tout le monde participait, Italiens, Français, tout le monde.

On a toujours une cousine qui vit à Dinan et une autre, la petite-fille de mon oncle de Duras, elle vient très peu dans le Sud-Ouest. Nous, nous montons en Bretagne mais comme nous n'avons pas trop de contact, on n'ose pas faire le premier pas. On ne s'est jamais rencontrés. Il n'y a pas eu de suivi… Je ne sais pas pourquoi d'ailleurs, je ne sais pas pourquoi.

Mon père a fait sa vie dans le Sud-Ouest. Il est retourné très tard en Bretagne. D'abord, on ne roulait pas sur l'or et puis on avait de la vigne, du travail tout le temps. La première fois, c'était pour l'enterrement de sa grand-mère et ensuite quarante-cinq après.

Mais il était resté Breton. Pour lui et son frère aîné, cela avait été une erreur d'abandonner la Bretagne. Ils ont toujours regretté.

L'ambiance bretonne, le patois, ça ne s'invente pas ça, c'est écrit, c'est dans le cœur.

Mes oncles ne sont jamais retournés non plus, si un, mais pas souvent, pas souvent.

Ces souvenirs… Malgré l'éloignement, on retrouve ses racines.

Les Bretons vus de Lauzun – Lot-et-Garonne

Je suis née en 1927. Je suis fille unique. Je suis née ici. Ma mère est née ici. Mon grand-père paternel avait dix-sept ans quand ses parents ont acheté ici en 1888. C'était une métairie du château. Tout appartenait au châtelain de l'époque. Au début ce n'était pas grand, il y avait quatre ou cinq hectares.

J'avais un voisin, pas loin. On a le même âge.

Chez eux ils parlaient toujours breton. Alors sa mère lui disait :

— Quand tu vas aller à l'école, tu vas être complètement idiot parce que tu sauras pas parler le français. T'as qu'à aller voir la voisine.

Elle avait peur qu'il soit chahuté par les autres peut-être. Il y avait un petit chemin, il montait à travers, il venait tous les jours. Il n'avait pas de grands-parents. Il n'avait que ses parents. Ils étaient tous occupés tandis qu'ici il y avait mon grand-père, ma grand-mère. Il les appelait pépé, mémé. Et puis, j'avais un petit tricycle alors on faisait le va et vient. Quelquefois on se chamaillait :

— C'est à moi de faire du tricycle.

— Et bien moi je vais à ma maison.

Il faisait semblant de partir. Alors je le rappelais :

— Viens, je te le prête !

Son frère et sa sœur étaient beaucoup plus âgés. Ils travaillaient. Ils aidaient les parents, lui, c'était le petit.

Il est né dans une chapelle. Ils étaient deux familles, le frère et la sœur s'étaient mariés avec le frère et la sœur. Alors au début quand ils sont arrivés de Bretagne, ils ont tous habité ensemble, là-bas. C'était beau mais c'était délabré. Autrefois, c'était le rendez-vous de chasse du duc de Lauzun. Il n'y avait que des bois quand ils sont arrivés. Les gens venaient y chercher des champignons. Il en venait beaucoup alors son père, quand il a vu ça, il les a fait payer. Ils avaient besoin d'argent et puis, ils étaient chez eux après tout. Après, ils ont tout déboisé.

Ils sont arrivés en 26. Il y a plusieurs familles bretonnes qui sont venues. Il y en a un qui me disait :

— Toi, je me rappellerai toujours l'année que tu es née parce que c'est l'année où on est arrivés de Bretagne.

C'était en 1927, ils sont tous arrivés dans ces années-là.

Avant les Bretons, il y avait beaucoup de fermes où il manquait du monde. Ici, les fils ne restaient pas sur la ferme, ils continuaient les études.

Pour mes parents, la vie c'était la même, de génération en génération, ça ne changeait pas beaucoup. Oh mais les Bretons, ils étaient dynamiques. Ils travaillaient avec les chevaux, ils savaient gérer leurs affaires. C'est rare ceux qui n'ont pas réussi. Mes parents disaient qu'ils avaient été bien acceptés. Il y avait beaucoup de solidarité. À ce moment-là, pour les battages, il fallait du personnel et tout le monde venait.

J'allais à l'école à Bourgougnague. J'étais en pension. On revenait pour les vacances de Toussaint, Noël, Pâques et puis voilà. Il n'y avait pas de routes. On était nombreuses, le confort était léger. Il n'y avait pas de chauffage dans ce grand dortoir. Pour se débarbouiller le matin, la directrice arrivait avec sa grande bouillotte, elle mettait deux gouttes d'eau chaude et c'est tout. Elle ne voulait pas qu'on parte tous les week-ends parce qu'elle disait :

— Vous y pensez depuis le jeudi ou le vendredi, vous ne travaillez plus !

C'était dur. Le dimanche matin, on allait à la messe et puis l'après-midi, on faisait beaucoup de promenades. Moi, la semaine ça m'était égal, c'est quand je voyais ma mère me porter le linge que je trouvais ça dur. Je suis restée en pension de sept ans à douze ans et demi, jusqu'au Certificat d'Etudes.

Grâce aux Bretons, je mangeais du beurre et c'était du bon, je le dis souvent aux enfants ! Du beurre demi-sel, toutes les semaines on allait en chercher. Qu'est-ce qu'il était bon ! Avant, on n'en mangeait pas.

J'allais les aider quand ils faisaient le dépiquage alors je mangeais avec eux bien sûr. Il y avait quelques veillées, rarement. Quand on jouait au resquilleur, c'est comme les petits chevaux, alors là, il y en avait un, il trichait !

Ici, les Italiens étaient très peu nombreux. Ils venaient aussi aux dépiquages, mais c'était plutôt les Bretons. Il y en avait un, il venait avec un cheval avec une petite voiturette. Il parait que j'en avais peur. Quand il repartait, il disait à mon père :

— Bon allez, on va prendre une petite goutte.

Et c'était le cheval qui le ramenait. Ce cheval, il était extraordinaire !

Comme fête religieuse, on allait tous au pèlerinage à St Colomb, à la Vierge là-haut. On y allait tous, les Bretons aussi. C'était deux fois par an. Ça nous faisait une sortie aussi.

On avait une petite ferme, quelques vignes, quelques prunes, un four à bois à l'ancienne, quelques vaches. Mon grand-père préférait faire un petit peu de tout pour y arriver parce qu'on était nombreux quand même. On était quatre générations à un moment donné. C'était partout comme ça. Mes enfants sont tous nés ici.

À l'époque, pour les femmes d'agriculteurs, il y avait tellement de choses à faire. On taillait la vigne mais on faisait aussi tous les fagots pour le four, on faisait des charretières. Les femmes, elles avaient assez de travail à faire sur la ferme. Il y avait aussi les poules, les lapins. En principe avec la volaille on payait l'épicerie, ce qu'on ne pouvait pas produire sur la ferme.

On n'était pas plus malheureux, on ne connaissait que ça, on faisait comme tout le monde. Ce que j'aime moi, c'est le travail en extérieur. D'avoir été habituée peut-être…

On allait tous à l'école. On a grandi ensemble, Bretons, Italiens et nous. C'était facile, pour nous on était pareils.

De Plouguenast – Côtes d'Armor - en 1928
à Lauzun – Lot-et-Garonne.

Je suis née en 1930 à Lauzun, deux ans après leur arrivée. J'avais une sœur et un frère qui étaient nés en Bretagne.

Mes parents sont arrivés en 1928, originaires des Côtes d'Armor. Ils étaient tous les deux de la même commune, de Plouguenast. À l'époque, c'était ça. On fait partie des faux-bretons des Côtes-du-Nord, Côtes d'Armor maintenant, les Bretons qui ne parlent pas breton. Nous, on parlait le gallo, un français déformé.

Je pense que ce sont des agents d'affaire qui leur ont parlé et ils sont venus comme ça. Ils ont recruté mon père et voilà ! Ses frères n'ont pas suivi, ils n'étaient pas trop d'accord. Mon père était venu confiant. Seulement arrivé ici, il a un peu déchanté. Il a vu qu'il avait acheté une petite propriété, alors qu'à l'époque il aurait pu en acheter une grande. Ma mère disait qu'ils avaient fait une bêtise, qu'ils auraient pu acheter plus grand. On a fait avec, on a vécu ici. Je ne sais pas comment ils ont acheté.

Ils sont partis avec tout ce qu'il fallait pour travailler. Je ne l'ai pas vu mais j'ai entendu raconter, mon frère (il avait deux ans et demi) il pleurait. Les déménageurs étaient en train de démonter son lit mais lui il ne voulait pas, il pleurait, il est allé chercher la voisine pour lui dire :

— Viens leur taper dessus, ils veulent prendre mon lit !

Ils sont arrivés à la gare d'Eymet. Ils amenaient tout, les meubles, les vaches, cinq ou six, un cheval, la voiture à cheval, les outils pour travailler, les charrues, les charrettes, tout ce qu'ils avaient.

Et puis, un chien qu'on avait. En Bretagne, les chiens avaient un collier avec un numéro. Ici ça n'existait pas. Et donc, ils avaient emmené ce chien. Arrivés à Eymet, plus de chien. Mais un jour, ils reçoivent une lettre de Bretagne leur disant qu'on l'avait retrouvé. Il avait sauté du train du côté de La Rochelle et comme il avait un collier, ceux qui l'ont trouvé ont écrit. Ce sont les voisins de mes parents qui l'ont réexpédié et mon père est allé le chercher à la gare à Eymet. Et bien, il parait que quand il a vu mon père, il n'avait pas besoin de corde !

Ils ne savaient pas où ils allaient. C'était les agents d'affaire qui s'étaient occupés de ça. Quelqu'un était venu voir mon père.

— Tu sais là-bas, tu n'as pas besoin d'une grande propriété, tu feras ci, tu feras là, ça rapporte.

Ce que je ne sais pas, c'est, si c'est uniquement dans cette région, Eymet, Bourgougnague, Lauzun et tout ça, ou si ailleurs il y en a eu autant des Bretons.

Ici on était bien acclimatés. Les gens qu'on avait autour de chez nous, ils étaient gentils. En plus, mon père est mort en 39. Ma mère est restée seule avec trois enfants. Ma sœur avait dix-huit ans, mon frère quatorze et moi neuf. Elle a fait toute seule, comme elle a pu. Elle ne pouvait plus repartir. La propriété qu'ils avaient avant, je ne sais pas ce qu'elle était devenue…

Ça ne lui est jamais venu à l'idée de repartir. Elle allait y faire des voyages de temps en temps.

Après il y a eu la guerre, et c'est autre chose.

J'avais un oncle qui était prêtre comme dans toutes les familles en Bretagne. Il s'est trouvé qu'il n'avait plus de bonne, alors ma mère est allée chez lui un certain temps, trois ans. Mais elle s'ennuyait car nous, on était restés là.

Elle me parlait beaucoup de sa Bretagne, elle me parlait de sa famille. Je sais que des fois elle aimait bien raconter des histoires de jeunesse. Quand j'étais avec ma mère, je parlais le patois, le gallo. Mais maintenant s'il fallait que je le parle, je ne saurais plus. C'était très proche du français. J'ai aussi appris le patois d'ici. Je ne le parle pas, je n'y arrive pas mais je le comprends.

On nous mettait dans le même paquet que les Italiens :
— Tous ces étrangers quand ils sont arrivés au pays…

Pas loin de chez nous, d'autres Bretons étaient arrivés. Ils habitaient la commune à côté de mes parents. Ils se sont rencontrés, c'était un peu la famille. C'était souvent qu'on se réunissait, qu'on faisait un repas, ça faisait du bien quoi. Le soir après souper, on faisait ça ou ça… On épanouillait, et après on allait dans la cuisine et on mangeait. Il y avait du pâté, le casse-croûte, des gâteaux. Je me rappelle, chez un voisin, ils faisaient du tabac. Chez eux, on allait effeuiller le tabac. On était une dizaine, on le faisait jusqu'à onze heures, quelque chose comme ça, et après on allait dans la cuisine, on mangeait, on discutait, c'était simple.

Un jour, le curé de Lauzun est venu chez ma mère et il lui a dit :
— Est-ce que ça fait longtemps que vous êtes en France ?
Ma mère, ça lui a fait quand même drôle !

Ma sœur est allée plus souvent que moi en Bretagne, plusieurs fois. Elle y avait des souvenirs, je ne sais pas, ça s'est trouvé qu'elle y est allée plusieurs fois. Moi j'y suis allée de suite après la guerre, en 46, avec ma mère. Les trains n'étaient pas encore bien rétablis. On a mis je ne sais pas combien de temps pour aller en Bretagne ! Il fallait attendre dans les gares. On prenait d'abord le car à Eymet, on allait jusqu'à Marmande, à Marmande, on prenait le train jusqu'à Bordeaux, à Bordeaux, on prenait le train jusqu'à Nantes, à Nantes, on reprenait un train qui allait jusqu'à Rennes, à Rennes on reprenait un autre train qui allait jusqu'à Saint Brieuc, vous vous rendez compte !

Je me rappelle, on avait voyagé de nuit. C'était folklorique.

Je ne connaissais pas la famille mais de tête, je les connaissais tous.

J'ai quand même trente-deux cousins germains !

Et donc, dans chaque famille je savais que l'un c'était Paul, l'autre Pierre… De tête, je les connaissais tous. On est restées un petit moment là avec ma mère. J'avais seize ans, on allait dans chaque famille. J'y étais aussi allée toute petite. Ma mère m'y avait emmenée, une fois j'avais deux ans et l'autre fois quatre ans.

À l'époque, il n'y avait pas le téléphone mais ils écrivaient. On avait toujours des lettres. C'est pour ça que quand ma mère est allée chez mon oncle et qu'ils parlaient des histoires de la famille, il a dit à ma mère :

— Mais comment vous savez ça ?

Comme elle communiquait avec tout le monde, elle savait les nouvelles de partout et lui qui était sur place :

— Ah ben mince, ça moi, je savais pas !

Mon père est retourné une fois en Bretagne avec mon frère mais il est mort en 39… Il y avait le travail à la ferme, ils ne partaient pas tous les deux.

Bien sûr, il y a eu des hauts et des bas. Il y a des fois où je l'entendais chanter, et d'autres fois, c'était autre chose. Vous savez dans une vie… Ses parents sont morts très jeunes, autant les parents de ma mère que la mère à mon père pareil. À cinquante et quelques années. Son père était venu une fois et il est mort presque aussitôt après.

Dans ma famille, on vouvoyait nos parents. Je ne sais pas comment ça a commencé, je ne sais pas.

Ah le lait ! Quand on était jeune, on nous disait que les Bretons ne mangeaient que du beurre et du lait. Mais on ne mangeait pas que ça ! On avait aussi pris la coutume du pays ici. Les gens du pays ne mangeaient pas de beurre. Et bien, ça s'est un peu mal passé. Ma mère était habituée à vendre du beurre au marché et arrivée ici… Elle le mettait dans le puits pour le tenir au frais.

J'ai entendu raconter, c'était chez des Bretons aussi : un jour, un gars était venu travailler, elle l'avait fait manger. Elle avait fait de la purée. Dans la purée, elle avait mis un morceau de beurre. Bon, il a mangé sa purée, il n'avait pas vu. Quelques jours après, la fatalité, il revient, et il se trouvait dans la cuisine lorsqu'elle a mis son morceau de beurre. Il n'a pas mangé ! La première fois, il avait mangé et là, parce qu'il avait vu le beurre, non !

Je me rappelle que ma mère faisait des crêpes. Elle avait le grand galetier qu'on mettait sur le feu, une plaque fine en fonte. J'étais jeune quand elle les faisait. Après elle n'en faisait plus. Ce n'était pas facile à faire car il n'y avait pas d'œufs là-dedans, de l'eau et de la farine. J'étais allée chez une tante en Bretagne, elle avait une petite épicerie et elle faisait des crêpes comme ça. C'étaient ses filles qui faisaient la pâte et elle les vendait à la douzaine.

La bouillie d'avoine, il me semble que dans ma jeunesse, ma mère prenait de la farine d'avoine, elle la faisait tremper et le lendemain, elle la filtrait. On filtrait bien, bien, bien ce jus et c'est ce jus après qu'elle faisait cuire. Je pense que ça se gélifiait. J'ai dû en manger. C'était comme une bouillie. Je crois qu'on mangeait ça avec du beurre.

Je suis allée à l'école à Bourgougnague, juste à côté, jusqu'à quatorze ans. Avant, le Certificat d'Études, c'était vers onze, douze ans. Après, il y a eu une loi, je ne sais pas qui c'est qui l'a inventée, c'était obligatoire jusqu'à quatorze ans. Mais depuis onze ans jusqu'à quatorze ans, qu'est-ce que je faisais à l'école ? J'y pensais souvent, j'aurais mieux fait d'aller au collège plutôt que de rester là. Ah non, je ne m'ennuyais pas. C'était une école privée. C'était une bonne école, il y avait beaucoup de pensionnaires. C'était une religieuse mais quand il y a eu la séparation de l'État et de l'Église, elle s'est habillée en laïque. Après, il y a eu une institutrice.

Je m'en souviens, à Bourgougnague, tous les ans, on faisait un théâtre pour l'école et puis à Lauzun c'était pareil, ils faisaient du théâtre. C'était des gens du coin, ce n'était pas des acteurs mais ils étaient bons.

Je connaissais mon mari il y a longtemps. Lui, là où il a eu le déclic, c'est au mariage d'une amie. Il était invité et moi j'y étais aussi parce que la cuisinière était du coin, elle avait embauché des jeunes pour servir. C'était toujours la même cuisinière qui faisait les mariages et moi j'allais servir. Je l'ai fait quelques temps. Ma sœur et moi on allait servir.

C'était dans le même secteur. Ça nous faisait une sortie, on profitait un peu de la fête. Et donc, j'y étais et c'est là que je lui ai tapé dans l'œil.

On n'était pas riche mais on était heureux, on n'a manqué de rien.

À Pâques, on avait quelque chose de neuf pour le printemps. On n'avait pas beaucoup mais j'avais toujours un petit Noël, une boîte de crayons de couleur, quelque chose.

Par la suite, j'ai pensé que c'était mon parrain qui avait acheté la poupée. J'avais eu, vraiment, une belle poupée. Il était à Paris. On ne me l'a jamais dit mais je pense que c'était lui.

Oh non, il n'y a pas eu de problème pour épouser quelqu'un du coin.

Mon mari, c'était un pur Gascon. Il était de Dordogne. On s'est installés là et on y est toujours. On s'est mariés en 49.

Je ne suis pas souvent retournée en Bretagne, trois ou quatre fois peut-être.

Je suis Bretonne mais je suis née au pays.

Les Bretons vus de Saint-Aubin-de-Cadelech – Dordogne

Je suis née en 1928.

Moi, en 1924.

Il y avait beaucoup de Bretons sur la commune. Ils sont arrivés à peu près en même temps.

Je dis souvent que je suis bretonnante. À ce moment-là, nous avions une école, ce flot est arrivé. L'école est un lien extraordinaire, notre génération s'est liée très, très vite.

Ce n'était pas par hasard cette arrivée de Bretons, c'était un appel pour l'immigration, c'était organisé aussi en Bretagne.

Moi, j'étais très amie avec une Bretonne de mon âge. Ils me racontaient que là-bas, c'était le châtelain du pays qui était très aimé, très responsable, qui leur avait conseillé de faire appel à ce mouvement migrant. Ce mouvement migrant cherchait des régions où ils pouvaient aller, ce n'était pas par hasard.

Souvent, ils arrivaient plusieurs frères et sœurs pour s'installer sur une seule propriété et alors on trouvait que c'était très méritoire. En somme, ça a été une chance si on peut dire parce que justement, la maman de mon amie était morte et donc ce sont les deux tantes qui ont élevé les trois enfants. Cela faisait un partage aussi d'autorité familiale, le bien était en commun, les enfants étaient en commun.

Ici, il y avait beaucoup de fermes vides. Ils étaient tous fils uniques. Oui, oui, c'était le phénomène de l'époque, c'était des gens très à l'aise, type bourgeois et qui rêvaient de n'avoir qu'un enfant. En naissant cet enfant avait déjà la propriété, c'était comme ça. On n'avait pas besoin de la partager. C'était réel, j'en ai entendu parler par les familles d'autrefois. Toute la plaine là, c'était des belles fermes avec des propriétaires terriens un peu embourgeoisés qui n'avaient qu'un d'enfant et qui allaient avoir un avenir sûr. Mais, il suffit de voir le Monuments aux Morts, ça a été la grande razzia. En général, ces gens-là ont vendu leurs propriétés et ils sont allés acheter une maison à Eymet par exemple. Ils ont vendu leur propriété à ces migrants. Et alors, alternativement, là, la plaine du Dropt c'est un Breton, un Italien, un Breton, un Italien, etc.

Ah oui, la guerre de 14, c'était épouvantable. C'était le vide complet ici.

C'était des friches partout après la guerre de 14, partout, partout. Il n'y avait plus d'hommes.

Ma grand-mère racontait que pour avoir un peu de quoi nourrir son cochon, elle partait avec un petit sac de blé sur son dos. Il y avait des petits moulins sur toutes les rivières qui descendaient de la colline, les moulinas, et elle partait avec son bout de sac sur le dos pour faire faire un peu de farine pour élever son cochon, des choses comme ça.

Non, il n'y avait plus d'hommes.

Les femmes étaient seules. Elles élevaient les enfants et les vieux puisque c'était la forme de vie normale, on était solidaire. Il n'y avait pas grand-chose. S'il y en avait pour un, il y en avait pour quatre ou cinq, on s'arrangeait, on partageait. Oh la guerre de 14 ! Mais elles avaient quand même une petite allocation, celles qui avaient des maris à la guerre. Ça a duré les quatre ans de guerre et puis après aussi parce qu'il y en a beaucoup qui ne sont pas revenus.

Ma grand-mère, elle était extrêmement jeune. Elle s'était mariée très jeune. Elle et ses sœurs étaient habituées à rendre service, beaucoup. C'était des débrouillardes aussi. Elle était très astucieuse, très, très astucieuse. Oh ! Oui. Pour ce qu'on appelait « vivre », c'est-à-dire, manger, s'acheter une paire de sabots, nourrir le cochon…

Elles ont fait tourner la France ces femmes.

C'était le vide complet ici.

Les Bretons, ils sont arrivés avec des chevaux. Ils arrivaient dans les trains avec leurs bêtes, leurs outils, et même avec les fagots pour faire le feu en arrivant !

Ils arrivaient là avec beaucoup d'organisation, c'est un peuple vaillant. Et puis ils arrivaient avec leurs vaches. C'était frappant par rapport à notre région.

Un Breton de Saint-Aubin a continué à faire le commerce entre la souche, les vaches laitières de là-bas et les chevaux bretons aussi. Il a continué à ravitailler ceux qui voulaient renouveler leurs vaches.

Et puis il n'y avait pas les laiteries à ce moment-là, donc les dames écrémaient leur lait et elles savaient faire le beurre. Elles allaient au marché, à vélo bien sûr. Et elles vendaient leur beurre, un beurre délicieux.

Donc, ils arrivaient avec une organisation : ils savaient s'occuper des bêtes, ils savaient transformer pour faire un revenu sur lequel tout le monde vivait, bien sûr. Leur plus grande difficulté, ça a été de trouver un autre climat et la rareté de l'eau. On était très pauvre en eau ici et pour les vaches il faut beaucoup d'eau. Vers Cadelech, il fallait aller au Dropt pour faire boire les vaches. Et ce n'était pas comme maintenant, il y avait la ligne de chemin de fer à traverser. Tout le monde savait à peu près les horaires parce que même depuis Saint-Aubin, on entendait siffler le train sitôt que le vent venait du sud. Ce n'est pas secret un train.

Ma mère parlait toujours de ces ouvriers qui étaient venus installer la ligne de chemin de fer. C'est eux qui ont apporté l'accordéon et sans doute l'harmonica. Ma mère se souvenait très bien des ouvriers qui ont bâti la ligne.

Pour l'accueil, il y a eu des mouvements contraires aussi.

Quelquefois ça tient à des choses stupides. Les enfants allaient à l'école en portant leur repas et ils apportaient des tartines beurrées. À ce moment-là, on n'avait pas le papier aluminium ni tout ça, et donc, le papier était toujours taché. Alors ça, c'était un motif de recul. Alors que certainement ceux qui arrivaient avec leur petit colis de chez nous, ils devaient bien être tachés aussi.

J'étais reçue chez mon amie bretonne. J'appréciais beaucoup parce que j'étais très bien accueillie chez eux. On était du même âge.

Elle m'a dit sur le tard que comme elle n'avait plus sa maman, elle se basait un peu sur ma mère quand elle venait ici, pour se faire une idée de ce qu'était une maman dans une maison. Leur père a fait beaucoup pour eux mais ça ne remplace pas une maman.

À Cadelech, il y avait aussi la propriété du château avec des fermiers ou des métayers. Après ils étaient à Falgueyrat. Le comte avait énormément de propriétés donc toutes ces familles bretonnes qui n'avaient pas toutes un capital, elles ont été souvent fermiers ou métayers à Falgueyrat, parce que le comte avait une centaine d'exploitations. Ils pouvaient trouver de quoi se loger, travailler et vivre et surtout avoir des vaches du côté de Cadelech. Là, il y avait toujours des granges chez le comte.

Et les enfants venaient à pied à l'école de Saint-Aubin.

Ils m'avaient raconté qu'ils avaient eu beaucoup de mal à trouver des personnes à Saint-Aubin qui veuillent bien les recevoir quand ils allaient à l'école, de façon à faire sécher les pèlerines des enfants pour repartir le soir. Ça leur faisait du chemin, plus de trois kilomètres, plus même. Il n'y avait qu'une famille qui voulait bien faire sécher les pèlerines toute la journée ; c'est dur à faire sécher une pèlerine en laine.

Ils avaient une forme de travail, d'organisation du travail, de prévision. Pour nourrir les vaches, il fallait toujours avoir tout ce qu'il fallait. Si on élevait des vaches, il fallait prévoir pour les nourrir, pour le fumier, pour le lait. S'ils semaient du blé, ils savaient semer le blé comme il fallait, les variétés qu'il fallait, qui s'adaptaient bien à leur terrain. Il y avait un enchaînement et ça je crois qu'en Dordogne, ce n'était pas toujours comme ça. On était réputés pour un certain laisser-aller. Ils ne disaient pas qu'on était des feignants mais enfin il n'y avait pas cette rigueur et cette rigueur, on l'admirait beaucoup. Les Italiens sont arrivés avec des formules assez voisines aussi.

Ils avaient deux langues, suivant d'où ils venaient. Il y avait des Bretons qui ne parlaient pas le vrai breton mais ceux dont nous parlons oui, ils parlaient breton entre eux et français avec nous.

On avait le même sens civique qu'eux, la même religion, si ce n'est qu'ils avaient gardé une foi plus vive que celle qui était à la mode à ce moment-là. On allait au Pardon à Cadelech. La Vierge noire est arrivée sur un bateau construit par les scouts. Ah, c'était magnifique ! Au fond ils étaient heureux de retrouver leurs bannières, beaucoup de bannières bretonnes, beaucoup de chants bretons. Le feu de joie avait un succès formidable. Il y avait des pétards dedans, c'était un feu de joie breton. C'était vraiment une fête animée.

Après on a refondu la cloche. C'était la municipalité qui s'était occupée de ça. En 1957, ils l'ont bénie. C'était énorme, une vraie fête.

Il y a eu aussi un mariage breton dans la chapelle de Cadelech.

J'ai eu la chance d'être invitée aux noces, c'était très joli ce mariage avec les belles coiffes, c'était un mariage à la mode de Bretagne avec le grand cortège. Les mariages, il fallait que ça rassemble tous les Bretons qui étaient dans le secteur.

Ils avaient porté la Bretagne avec eux. C'est sûr, ils se sont bien adaptés mais ils ont un peu vécu leur vie de famille comme s'ils étaient là-bas.

Les femmes étaient très, très occupées parce qu'elles avaient les vaches à traire, elles avaient le lait à écrémer, elles avaient le beurre à faire… C'était des femmes avec une vie ! Comme on disait chez nous :

— Les demoiselles, toujours elles courent, elles courent toujours ! Elles courent toujours, toujours elles courent …

Pour l'époque, c'était des maisons très, très lourdes. Il y avait beaucoup de monde, du linge à laver, les vaches, les cochons, c'était des travailleuses et elles partaient au marché à vélo vendre le beurre...

Les femmes, on les admirait beaucoup, beaucoup, beaucoup.

Les voisins des Demoiselles disaient que, quand c'était la messe de communion, à cette époque-là la communion, ce n'était qu'à jeun, donc les messes de communion étaient à une heure précoce, et bien, elles avaient déjà trait toutes leurs vaches et tout et tout. Et puis, elles étaient très sincères dans leur foi mais aussi dans leur vie professionnelle et familiale. C'était des personnes de valeur.

Mon père disait que, l'Italien ou le Breton, ça avait réveillé un peu l'agriculture d'ici. Ça a créé une évolution, une stimulation aussi.

Maintenant à l'école bien sûr, il y avait des têtes dures aussi et puis malgré tout il y avait un gros bilan négatif, c'était l'alcoolisme. Pas pour tous. Mais enfin de notre âge, on en a vu des couples où Madame et Monsieur étaient alcooliques.

Je me souviens, mon père était marchand de bestiaux et il avait un commerce : acheter des cochons, des veaux, surtout des veaux et des cochons et alors les Bretons venaient pour offrir ce qu'ils avaient à vendre. En général, ils venaient le matin, pas très tard et alors mon père offrait le café. Mais avec le café, il y avait un demi verre d'eau-de-vie qu'ils sifflaient. Je dois dire que ça nous faisait drôle. Je l'ai découvert avec les Bretons. On ne faisait pas comme ça. Mais il y avait bien des Français qui buvaient aussi !

Mon père a été maire de Saint-Aubin je ne sais combien de temps. Il m'a toujours dit que les Bretons et les Italiens avaient été un grand bienfait, un grand bienfait.

On est allés les uns vers les autres naturellement.

De Quimerc'h – Finistère - en 1928
à Saint-Aubin-de-Cadelech – Dordogne

Mon mari est arrivé en 1928. C'est lui qui était Breton.

Il avait six ans, sa sœur aînée huit ans, et puis il y avait une autre petite sœur encore qui avait deux ans de moins, elle devait avoir quatre ans.

Ils avaient une ferme, là-bas à Quimerc'h. Mon beau-père avait repris la ferme familiale mais c'était un ancien marin. Mon mari m'a dit qu'il avait fait le tour du monde. Je crois plusieurs fois même. Il avait certainement l'esprit d'aventure.

Il est parti un jour en Dordogne et il a acheté cette propriété à Saint-Aubin. Il a acheté de nuit. Il est venu, il fallait le faire quand même, il est venu avec le mandataire, de nuit, voir la ferme. Il a donné son accord et il est reparti en Bretagne. Ils sont arrivés un petit peu plus tard.

Le déménagement, ce n'était pas rien. Il y avait des armoires qui étaient fort lourdes et le lit clos qu'ils avaient mis dans la cuisine qui servait de pièce à tout faire. Ils sont venus en train. Ils ont amené leurs bêtes. C'est un frère de mon beau-père qui les a amenés, sur huit jours. Il y avait quand même sept chevaux et au moins une douzaine de vaches. Il fallait les faire manger et boire. Il est arrivé furieux, il a dit :

— Ton pays ici, je reviendrai pas.

Il n'est pas revenu mais enfin il a amené les bêtes.

Il y avait eu des bruits sur ceux qui étaient venus avant eux en Dordogne, on leur avait raconté :

— Vous allez dans un pays de païens et puis d'abord ils enterrent leurs morts dans les champs et ils font payer l'eau !

Ça, je l'ai entendu de la bouche de ma belle-mère, ils étaient bien un peu inquiets. Et puis il y a une petite sœur qui est passée et qui a dit :

— Mais non, mais non, ce n'est si pas grave que ça, ils ne font pas payer l'eau là-bas.

Ma belle-mère était la plus jeune de la famille. Elle était la seule de ses sœurs qui ne portait pas la coiffe. Elle est toujours revenue en Bretagne. Mon beau-père n'y est jamais revenu, jamais. Il s'est lié de suite avec les gens du pays, il n'est pas resté en circuit fermé. Ce sont les seuls de leurs familles qui sont venus, qui avaient l'esprit d'aventure.

On est restés en communication avec ceux de là-bas.

Ils ne parlaient pas beaucoup de la Bretagne.

Je ne suis pas restée longtemps avec eux parce qu'on est partis immédiatement quand on a été mariés. Quand je suis revenue, mon beau-père était décédé et ma belle-mère avait deux jeunes enfants qui n'étaient pas encore finis d'élever puisque l'aîné avait sept ans et l'autre cinq. Donc elle avait fort à faire. Il est mort de maladie mon beau-père. Mon mari était le second des enfants. Quand le dernier est né, il était dans la Marine, ils ont vingt ans d'écart.

La Dordogne, pour mon mari, c'était une aventure, ça je peux vous le dire. C'était une grande aventure parce qu'il s'est toujours rappelé. Son père lui avait montré Lorient en passant avec le train. C'était éclairé, ils avaient voyagé de nuit.

Il s'est toujours plu en Dordogne. Il aimait bien sa Bretagne natale mais la Dordogne, c'était aussi son pays, vraiment. Même ses frères et sœurs, ils se sont tous mariés avec des gens du pays. Ça compte beaucoup dans l'adaptation. Et puis mon beau-père s'était de suite mélangé avec les gens d'ici aussi.

De l'arrivée, mon mari s'en rappelait parce qu'il avait découvert un pays avec beaucoup de figuiers et il m'a toujours dit qu'il avait fait une ventrée de figues ! Mais il les avait mangées pas assez mûres et il avait eu les coins de la bouche tout enflammés. Les voisins étaient là pour l'accueil. Des gens qu'ils ne connaissaient absolument pas, mais enfin, la soupe était prête et ils avaient mangé du vermicelle. C'était la première fois. Les voisins les avaient vraiment bien accueillis. Je n'ai pas entendu ça pour tout le monde.

Cet exode-là, c'était pour remplacer les gens qui avaient disparu pendant la guerre. Il n'y avait pas beaucoup d'enfants ici. Ça c'est certain et on leur avait laissé entendre :

— Ils en avaient tellement d'enfants, vraiment ça venait tout à fait facilement, après tout s'ils avaient des enfants c'est qu'ils étaient contents de les avoir.

C'était un petit coup de pied quand même.

Moi je suis fille unique, mais je sais pourquoi. Mes parents n'étaient pas riches et puis c'était le lendemain de la guerre. Mon père racontait que c'était une boucherie. Je trouve qu'ils ont eu du courage à essayer de refaire une vie de famille, à essayer de revivre. Mes parents ont mis tout ce qu'ils avaient comme énergie pour pouvoir être propriétaires. Les grands-parents n'étaient pas propriétaires.

Les Bretons ont travaillé très, très dur, les enfants y compris m'a dit mon mari. C'est lui qui s'occupait d'étriller les chevaux le matin avant de partir à l'école. Sa sœur aînée portait le lait avec son vélo, les bidons accrochés derrière. Ils travaillaient très dur pour pouvoir rembourser.

Ils n'ont pas pu garder les chevaux pour travailler ici parce que c'était des demi-sangs. Ils n'ont pas supporté le climat. Ils étaient très nerveux. Mon mari me disait toujours :

— Je les aimais pas. Quand j'étais sur la charrette, ils se sont emballés plusieurs fois et ils ont cassé le matériel. Je me tenais toujours prêt à sauter.

Ils n'avaient gardé qu'une jument, qui a fini sa vie ici d'ailleurs, Babette.

Pour conduire la charrette pour aller le jeudi à Eymet, c'était la fameuse Babette. Ma belle-mère la prenait pour aller à son marché mais c'est surtout mon beau-père qui s'en servait pour faire ses transports.

Une fois, il était allé à Monbahus chercher des briques ou des tuiles. Quand il a eu fait son chargement, il a mis sa jument devant la porte du bistrot et il a été boire un coup. La jument a trouvé que ça durait trop longtemps, elle est partie toute seule. Et quand il est sorti il n'y avait plus de jument ! Il a fallu qu'il revienne comme ça ! La jument est arrivée toute seule avec sa charrette à la ferme ; elle s'est arrêtée en face de la porte. Il a fallu qu'elle franchisse le Dropt quand même. Il parait que mon beau-père en arrivant, il s'est bien fait attraper !

Ils se sont adaptés tout à fait. Ils n'avaient que ça à faire dans le fond. Maintenant, qu'ils restent avec ceux qui étaient venus avec eux, ça se comprend quand même.

Ma belle-mère, quand elle attrapait les deux petits, qu'elle se fâchait, elle se fâchait en breton, et ça, c'est resté dans leurs souvenirs, ah ! Oui !

Mon beau-père est mort en 1947. Ma belle-mère a mis un fermier mais elle a eu beaucoup de difficultés. Alors mon mari est revenu à la propriété, pas de suite. Ce n'était pas possible parce qu'il avait un contrat avec l'Armée à ce moment-là. Il était comptable, il était déjà sergent-major. C'était bien et il avait des possibilités. Le commandant n'était pas content du tout qu'il parte mais mon mari a tenu bon, il a repris la ferme. C'était en 1950.

Il y avait deux maisons sur la ferme. C'était beaucoup mieux de pouvoir s'appuyer sur quelqu'un à côté, bien sûr. Mais, ce n'était pas facile non plus parce que mon mari a pris l'autorité du père. Ce n'était pas facile ni pour lui, ni pour les plus jeunes.

Je suis née dans une ferme aussi, je savais faire, peut-être pas à la perfection mais enfin, je savais faire tout ce qu'on faisait à la ferme. En 1950, c'est le moment où l'agriculture a complètement changé. Les premières années, pour le moment des semailles par exemple, on entendait encore les gens commander les bêtes quand ils labouraient, quand ils semaient le blé, qu'ils passaient la herse… Et puis les tracteurs ont pris le relais, c'est fou ce que ça a marché vite après.

Moi, je suis une pièce de musée.

Ma belle-mère faisait les crêpes. Elle avait tout le matériel. Je n'ai jamais su faire les crêpes bretonnes, je sais faire les crêpes d'ici. J'ai appris à faire le far breton. Mon mari en raffolait. Je m'y suis mise assez rapidement. Je l'ai fait jusqu'à la fin de sa vie, toutes les semaines ou presque, on a mangé un far.

Ma belle-sœur, l'aînée, a toujours gardé son accent breton. Ma belle-mère allait tous les samedis ou à peu près vendre son beurre à Bergerac, avec le bus. Il y avait un bus à Saint-Aubin. Il y en avait même deux.

J'ai pris le goût du beurre chez eux et puis du café. Je n'en avais jamais bu avant. Je l'ai gardé toute ma vie parce qu'ils buvaient le café plus que nous dans le pays.

À mon mariage, les Bretons sont venus de Bretagne, les cousins. C'était un mariage de lendemain de guerre. On n'a rien fait. J'ai porté la robe de ma belle-sœur, on avait la même taille exactement. Elle avait été faite avec un parachute que mon mari avait réceptionné pendant la guerre et une copine m'avait prêté des souliers blancs.

Ça s'est passé à la bonne franquette. On est partis à pied au village. Il n'y avait rien de particulièrement breton sauf que les Bretons étaient heureux d'être là mais la majorité c'étaient des Gascons. J'avais des voisins qui me demandaient si j'allais parler français !

Et puis, on est allés en Bretagne. C'était donc en 1946. Si vous saviez le voyage qu'on a fait au lendemain de la guerre ! On a franchi la Loire sur un pont branlant, le train est passé mais à vitesse très réduite. J'ai vu Brest entièrement démoli. C'était quelque chose de terrible.

On est allés visiter toute la parenté et partout, c'était le café offert dans un bol. On est allés deux fois à la maison où était né mon mari.

Il y avait aussi un aumônier, l'abbé Mévellec, l'aumônier des Bretons. On m'a raconté, il passait dans les maisons, il était curieux, il regardait ce qu'il y avait dans la cheminée et il disait :

— Il y en a des saucissons, ma mère aime ça, elle aime beaucoup…

Alors, la mère de famille disait en pestant :

— Sa mère, sa mère…

Et elle lui en donnait.

Voyez, cette famille justement, c'était le lien breton. Les repas chez eux, je les rendais bien sûr, on s'aimait beaucoup. C'était une fois par an.

L'abbé Mévellec, je ne crois pas que mon beau-père était très chaud. Je ne pense pas que ma belle-mère appuyait trop non plus, il n'y avait pas une grande attirance. Il est venu une fois. Il était passé d'abord chez ma belle-mère et puis on habitait à trois cents mètres, il est venu à la maison. C'était pour dire bonjour à la communauté, c'était pour que les liens ne soient pas complètement distendus. Il y avait un journal à l'époque, on l'avait eu un moment, c'est lui qui le faisait. Oh, je n'étais pas contente quand il disait que ce n'était pas bien le pays d'ici ! Il le disait gentiment mais quand même… C'était au niveau de la pratique religieuse.

Ils avaient gardé des liens avec des Bretons mais à part quelques familles, ce n'était pas des liens très rapprochés. Il y en avait quand même pas mal des Bretons dans le canton ici.

Il n'y avait pas avec tous… Le tour de table ; c'était déjà beaucoup ça, le manger ensemble.

Il y avait une poudrerie à Bergerac avec beaucoup de Bretons. Mes beaux-parents y avaient des connaissances, des employés qui étaient du même village qu'eux. Pendant très longtemps, ils ont eu des relations.

C'étaient les jeunes qui rencontraient plus les gens du coin. C'était la deuxième génération.

Quand elle s'est retrouvée veuve, ma belle-mère n'est pas repartie. Je pense qu'elle s'est installée à vie ici mais elle n'a jamais rien dit. Quand on l'a emmenée en Bretagne, elle était contente mais sa vie était ici.

C'est les jeunes qui ont fait le lien, par l'école d'abord.

Moi, je n'ai pas vu de démarcation entre Bretons et gens du pays.

Je pense qu'il y en a qui ont souffert plus que d'autres.

Peut-être que le fait que mon beau-père ait beaucoup voyagé, cela a peut-être aidé.

C'est énorme ce que j'ai, c'est énorme quand même, parce que mes enfants sont moitié Bretons, moitié Gascons. Pour moi, c'est vraiment très important.

Mes beaux-parents sont arrivés jusqu'à Saint-Aubin, ils sont restés à Saint-Aubin. Mon beau-père est enterré à Saint-Aubin, ma belle-mère aussi.

Côtes d’Armor - 1919

Mariage – Côtes d’Armor - 1919

Pèlerinage à Lourdes – 1943. En présence de l'abbé Mévellec

Avant le départ – Finistère 1927

Finistère – années 20

Vendanges en Dordogne - 1935

Dordogne - 1930

Finistère - 1921

De Saint-Alban - Côtes d'Armor - en 1928
à Saint-Aubin-de-Cadelech - Dordogne

Le départ, c'était de Saint-Alban. Mes parents sont arrivés en 1928.

Maman avait dix ans, mon père aussi. Ils se connaissaient, ils étaient de villages voisins. Ma mère, elle avait fait deux fois la communion avant de partir, de peur qu'ici il n'y ait pas de prêtres.

Les grands-parents sont venus pour la bonne raison, comme on dit : là-bas des paysans et pas de terres et ici des terres et pas de paysans. Il y avait une publicité à l'époque. C'est pour ça qu'il y a eu beaucoup de Bretons sur la Dordogne et le Lot-et-Garonne.

Ils étaient issus de familles nombreuses, surtout du côté de papa. Son père est venu tout seul avec sa famille. Là-bas, il avait une très petite propriété alors avec six enfants… C'est un frère à la grand-mère qui était venu voir un an avant. Il était revenu en Bretagne et il avait dit :

— Voilà, y'a ça et ça…

Comme il y avait du monde autour, ça les a fait rester.

Ce voyage, depuis là-bas, c'était quelque chose !

Ma mère se rappelait du voyage : c'était très long, sept cents kilomètres, presque quatre jours. Ils s'arrêtaient dans les gares pour faire boire les animaux. Ils avaient deux wagons pour tout transporter.

Voilà le récépissé du train à petite vitesse :

7 chevaux attachés, 1 caisse de volailles, 10 vaches attachées normandes, 1 cochon.

Ils sont arrivés avec sept chevaux de trait parce qu'en Bretagne, ils ne travaillaient qu'avec des chevaux. Les normandes se sont mal acclimatées ici.

Ils avaient amené de Bretagne des pommiers à cidre, je me rappelle, des petites pommes rouges, rayées. Mon père faisait encore le cidre avec le pressoir.

L'arrivée ici, ça a été difficile quand même, faut pas dire.

Le père à papa était tisserand, il n'était pas agriculteur. Du côté de ma mère, ils étaient plus agriculteurs. Ils étaient même tâcherons pour aller arracher les pommes de terre en Bretagne. Ils étaient saisonniers. Ma grand-mère, à douze ans, traversait un grand bois pour aller coudre dans les fermes.

Les terres, ce n'était pas du tout les mêmes. Les grands-parents habitaient à trois kilomètres de la mer, c'est un climat différent.

Ils avaient trouvé une propriété ici avec des pruniers, des moutons et des terres en friche qu'il fallait cultiver. Le jour de leur arrivée, les propriétaires avaient préparé le repas pour les accueillir. Le climat, les fruits, les productions, tout ça fait qu'on n'est pas si mal que ça ici. Ils ont aussi appris avec les gens d'ici. De suite, on était dans le bain du travail. Trois ans après, la propriété était payée.

Maman, elle avait la nostalgie de là-bas. Elle était jeune mais elle quittait ses copains et puis la famille de là-bas.

Ils ont gardé des relations mais je crois savoir qu'ils ont surtout fait connaissance avec ceux qui arrivaient sur le secteur. Et après, ils ont attendu quarante ans avant de repartir en Bretagne. Ils sont repartis avec la traction avant. Ils ne reconnaissaient rien là-bas.

Ils étaient pris ici dans le travail, les enfants. Maintenant ce n'est pas très loin d'y aller mais avant…

Ils restaient des cousins, le dernier est décédé au printemps.

Dans l'ensemble, l'accueil a été assez favorable. Ils se sont mis à travailler avec les Italiens aussi. Mais il y a toujours eu la nostalgie.

Maman est toujours restée bretonne, même dans son accent. Elle n'a jamais pris l'accent d'ici. Mon père, il avait plus pris l'accent d'ici. Ils n'ont jamais parlé breton, sauf la mère et la grand-mère entre elles. Ils n'ont jamais parlé le patois d'ici non plus. Ils le comprenaient mais ils ne le parlaient pas. Moi, je n'ai pas vraiment entendu parler breton à la maison. À l'école, on leur interdisait de parler breton, il fallait parler français.

C'est comme ça que ça s'est perdu.

Ils nous ont transmis le travail, la manière de travailler. Travailler la terre avec des vaches, non, non, non ! Ça n'avançait pas comme les chevaux.

Et puis le lait, bien sûr.

En Bretagne, ils faisaient déjà du beurre. Ils avaient la baratte. Je me rappelle bien, ça n'allait pas chercher des grosses quantités, quinze à vingt kilos. Ils mettaient dans les plaques, et puis dans du papier sulfurisé et hop ! Dans le panier. Des œufs aussi et voilà.

Ma grand-mère prenait le train à Falgueyrat et allait vendre son beurre à Bergerac. Maman nous l'a dit, les gens d'ici ne montaient pas dans le même wagon parce que les Bretons sentaient le beurre.

La tante portait ses œufs à un grossiste qui les achetait.

Si les gens d'ici n'employaient pas le beurre, qu'est-ce qu'ils employaient pour faire la cuisine ? Le lard bien sûr, mais nous aussi. Souvent, on mangeait des patates et puis les galettes de blé noir.

Quand on était gamins, quand on avait fini les prunes, après, c'étaient les galettes de blé noir dans le galetier. On les mangeait avec le lait ribot, le petit lait, bien froid avec des crêpes comme ça, nature avec du sucre.

Il n'y avait pas trente-six solutions, la pâte était vite faite.

Ils sont arrivés à Gardonne et après, ils sont allés dans une propriété à Sigoulés et ensuite à côté de Bergerac. Ma mère avait un frère qui était sur la propriété ici à Saint-Aubin. Mes parents ont travaillé cette propriété à partir de 1963 quand l'oncle est décédé et ils sont venus y habiter en 1971. Ici, on avait une maison.

Oh ! Il y en a eu du monde qui a habité dans le coin, jusqu'à onze familles.

Je me rappelle de ma grand-mère paternelle. Je me la rappelle auprès du feu. Elle se faisait sucer le sang avec des sangsues. De la part des grands-parents, on n'a pas eu tellement de transmissions. Mes grands-pères sont morts à la guerre. On était petits, on allait à l'école.

Je me rappelle le soir faire mes devoirs devant la cheminée à la bougie lorsqu'il y avait des coupures d'électricité. L'électricité est arrivée en 1936.

J'ai toujours vu ma grand-mère maternelle tout en noir.

Ma grand-mère et ma mère, elles avaient les coiffes mais je ne les ai jamais vues avec. Maman filait la laine et la grand-mère aussi. On a le rouet. Elles apprenaient de mère en fille, par nécessité. Elles le faisaient pour s'habiller.

Mes parents, ils n'ont jamais vraiment dit qu'ils étaient Bretons.
Si on leur posait la question, ils disaient qu'ils étaient nés en Bretagne mais voilà. Je ne les ai jamais entendus parler de là-bas. La famille s'écrivait, ils se donnaient des nouvelles les uns les autres et voilà.
Leurs parents sont décédés assez rapidement quand ils sont arrivés ici. Les grands-parents paternels sont enterrés à Lembras et les grands-parents maternels à Cadelech.

Pendant la guerre d'Algérie, un Breton s'est arrêté chez nous lors de sa permission. Il était de la même commune que ma mère, Saint-Alban. Quand sa permission n'était pas très longue, il passait son temps ici. Petit à petit, maman et sa femme ont établi des relations très fortes, comme entre sœurs. Elles s'écrivaient et partageaient leur vécu. Cela a duré très longtemps, tout le temps.

Tant que l'abbé Mévellec était là, il y a eu des Bretons à Cadelech. Dans les familles nombreuses, il y avait toujours au moins un curé.
Je me rappelle des Pardons à Cadelech avec les grands feux. À l'époque, il y avait une autre allée et sur cette allée, il y avait un grand feu. Ils l'appelaient feu de joie et on promenait la Vierge Noire. Le bûcher, c'était la lumière. Le premier Pardon, c'était en 1936. Il y en a eu tous les ans. Le 22 septembre 1946, il y a eu la Vierge Noire à la chapelle de Cadelech.

Voilà une photo du Pardon à Cadelech : ça c'est mon père et ça ma mère, enceinte de moi. En Bretagne, ils faisaient plus d'enfants, c'étaient des gens très religieux.

Les gosses, ils arrivaient et puis on les gardait.

Ça ne s'est pas fait sans mal l'intégration, mais ça a été réussi pour ceux qui sont restés. Il y a une famille où ils nous ont toujours considérés comme des gens de l'extérieur.

— Tiens voilà l'étranger qui arrive. Tu t'es toujours pas fait naturaliser ?

Maman avait une cousine au Canada. Dans les années 20, certains sont partis au Canada. Ils se sont aussi installés comme agriculteurs. Il faisait froid la première année, les vaches ont toutes gelé. Maintenant, la famille est éteinte de ce côté. Que des filles…

Ici, les grands-parents en ont fait venir d'autres.

D'autres encore sont venus bien plus tard, dans les années 40. Certains sont repartis.

Il n'y a pas si longtemps que ça, on a voulu voir où était né papa. On y est allés, on a vu la maison.

On tient à ses racines. Mes racines sont ici mais je suis né de père et de mère, nés là-bas, c'est dans les gènes. Tous les deux, trois ans, on retourne en Bretagne. On y a de la famille, ils aiment bien venir ici aussi.

Notre fille, du vivant de sa grand-mère, a cherché à connaître l'histoire de la famille. Elles ont beaucoup parlé, sa grand-mère lui a appris à filer avec le rouet, et à faire les crêpes. La Bretagne, ça compte beaucoup pour elle.

C'est bien d'avoir quelqu'un qui s'intéresse comme ça, c'est bien.

De Quimerc'h – Finistère - en 1928
à Saint-Aubin-de-Cadelech – Dordogne.

Mon père est né à Rosnoën sur les bords de l'Aulne et ma mère à Quimerc'h, deux villages voisins. Ils étaient de cette région-là. Mon père s'était engagé dans la Marine, à l'âge de dix-huit ou dix-neuf ans, parce qu'ils étaient trop nombreux.

Ils étaient onze. Il fallait bien aller gagner sa vie, faire quelque chose.

Les Bretons, ça se disait à l'époque et ça se dit encore, ils avaient les enfants que le Bon Dieu leur donnait. Sinon, dans la famille, c'était presque tous des paysans. Il n'y avait pas de pêcheurs.

Avec la guerre de 14-18, mon père a été absent pendant neuf ans. Ma mère devait se marier à un de ses frères, plus jeune, qui a été tué alors après, elle a pris mon père. Ils se sont mariés en 1919.

Ils ne sont pas venus dans la grosse migration des gens sans terre qui étaient fermiers ou métayers. Ils sont arrivés, comme d'autres, par leurs propres moyens, par des relations personnelles. Mon père connaissait des Bretons installés en Lot-et-Garonne. Ils se sont écrits et l'autre lui a dit :

— À Saint-Aubin-de-Cadelech, je sais qu'il y a une ferme à vendre, tu devrais aller voir.

Mon père a pris le train, il est arrivé à la gare de Bergerac. Puis, à pied bien entendu, il est allé à Saint-Aubin. Il a fait sa bonne petite marche de plus de vingt kilomètres et autant pour revenir le soir. Il a acheté. Il a vu la propriété de nuit, il a vu l'emplacement, la distance avec l'école de Saint-Aubin. Ça, c'était très important, il y avait huit cents mètres, donc les enfants pouvaient aller à pied à l'école, seuls, et ce n'était pas dangereux. Il a dit j'achète et il est reparti aussitôt. Ça, je l'ai souvent entendu dire. C'était en 1928.

Pour le déménagement, plusieurs wagons avaient été loués. Ils ont amené une vingtaine de vaches de Bretagne et neuf chevaux. Un frère de mon père a accompagné les bêtes et il a dit, en arrivant ici, que jamais plus il ne recommencerait une pareille chose. Il avait fallu les descendre en route pour les faire boire, les faire descendre un par un, une par une et c'était dangereux.

Ils avaient tout fait suivre, la baratte, des outils, des meubles, le lit clos breton, l'armoire, tout. Ils avaient même un sac de blé noir. Après, ils ont récupéré les graines pour les replanter.

Lorsqu'ils sont arrivés, ils avaient déjà trois enfants nés en Bretagne, une de huit ans, un de six ans et la dernière avait quatre ans. Trois autres sont nés après en Dordogne, moi en 40 et le dernier en 42, trois garçons et trois filles.

Je me souviens du nom d'un cheval. Il s'appelait Barbette. C'était la jument préférée de mon père.

Les chevaux, c'était des postiers du Léon, des demi-sang. Ils étaient puissants et nerveux aussi.

Mon père s'est aperçu rapidement qu'ici, pour les labours, ils n'étaient pas adaptés. En Bretagne, il n'y avait pas de rocher, là où ils étaient, il n'y avait pas d'accident. Mais le cheval ça résiste, le cheval force et ici, ils cassaient beaucoup de charrues. Ils ont été obligés, assez rapidement, de se mettre aux bœufs. Le bœuf est plus lent, il est fainéant de nature mais quand ça résiste, il s'arrête.

Un Breton allait chercher souvent un autre Breton pour être parrain. C'était le cas de mon frère. Cette famille-là n'avait pas eu d'enfant. Ils avaient un neveu, un beau garçon d'ailleurs, qui était leur employé. Considéré comme leur fils mais quand même il travaillait, parce qu'à cette époque on travaillait dur. C'était une grosse ferme. La mère travaillait sans cesse. Il fallait traire, faire le beurre à la baratte. Ils avaient une quarantaine de vaches, normandes ou de petites vaches bretonnes qui ressemblent aux vaches normandes, en un peu plus petites avec dans le brun un peu de noir fondu. Ce sont des vaches dont le lait est très riche en crème. Il n'y avait pas de machine à traire à cette époque-là. Je me souviens, elle ramassait souvent des coups de pied. Elle faisait le beurre au moins deux fois par semaine. Elle mettait ça dans des pièces fraîches l'été. C'était souvent descendu dans un puits profond. Je me souviens, elle sentait le beurre. Elle sentait le beurre à force d'en faire. L'odeur l'imprégnait. Sur leurs vieux jours, ils sont repartis en Bretagne.

Ma mère a fait du beurre aussi à notre ferme de Saint-Aubin, pendant longtemps. Elle allait faire le marché à Eymet. Elle partait de Saint-Aubin à pied, elle allait à pied à Eymet. C'était rien pour elle neuf kilomètres et puis plus tard, les voisins qui avaient une voiture s'arrêtaient :

— Tiens, j'ai une place, si vous voulez je vous ramène à Saint-Aubin, allez !

Une fois, deux de mes sœurs sont parties à vélo à Bergerac. Elles étaient chargées de canards gras. Dans la descente de « tire-cul » le frein d'un vélo a cassé et ma sœur s'est retrouvée avec les canards gras dans la mare, en bas de la côte !

Ils ont entrepris. Ils étaient vaillants. La propriété que mon père avait achetée ne faisait que dix-sept hectares. Alors, il avait pris en plus un fermage et il faisait les deux propriétés ! Mon père s'était mis à la vigne, il faisait du vin. Et puis, il avait son sac de sarrasin, de blé noir pour faire les crêpes. Ma mère savait les faire. Elle avait une plaque circulaire en fonte, elle faisait couler une louche de pâte au milieu et avec une petite raclette, elle faisait un rond en tournant. Je ne sais pas comment elle faisait et il y avait une crêpe large comme ça !

Mais mon père est mort en 47.

Ma mère était donc incapable de mener la propriété toute seule. On avait de la chance, on avait une deuxième maison. Nous les plus jeunes, on a vécu avec notre mère là. Ma mère allait aider ma sœur aînée qui avait une ferme à Razac d'Eymet et puis elle avait un jardin. Elle savait jardiner. Pendant les grandes vacances, puisqu'on était à l'école, ce n'était pas le farniente, on y allait aussi. On avait des petits vélos. Un de mes frères tenait la propriété familiale. Il versait un fermage à notre mère pour élever les deux petits.

Avec la famille restée là-haut, ils s'écrivaient. Très tôt, j'ai été chargé par ma mère d'écrire à la tante du bourg de Quimerc'h. C'était sa sœur. Elle me disait :

— Tu vas écrire à la tante du bourg. Allez, je vais te dire ce qu'il faut que tu mettes. Tu sais elle est vieille et elle n'y voit plus beaucoup alors tu vas écrire gros.

Alors, dès l'âge de huit ou neuf ans, j'écrivais gros exprès, bien calligraphié pour qu'elle puisse lire et elle aimait bien, la tante du Bourg. Ma mère me faisait parler du travail de la terre, des résultats scolaires. Ça comptait beaucoup ça, et puis, de la santé des uns et des autres, des petits évènements qui s'étaient passés dans la famille…

Ma mère est revenue en visite en Bretagne. Elle m'a emmené quand j'étais petit. Elle nous a emmenés dans la famille.

Mon père n'y est jamais revenu, je n'ai pas compris pourquoi. J'ai connu deux de ses sœurs, je m'en souviens très bien. Pour moi, à huit ans, c'était déjà de vieilles personnes, c'est-à-dire comme moi maintenant, mais habillées tout en noir. Quand il y avait des sorties, elles mettaient leurs coiffes bretonnes.

Les sorties, c'était aussi les Pardons.

Ici aussi, il y avait le Pardon à Cadelech. Dans ces fêtes, tous ceux qui voulaient venir pouvaient y venir. C'était la coutume bretonne introduite en Périgord.

Je me souviens que quand j'étais petit, on était allés en Bretagne voir la tante du bourg, de Quimerc'h. Elle nous avait emmenés au Pardon. C'était une occasion de se rencontrer. Les hommes allaient boire un coup ensemble et puis les enfants, les femmes et certains hommes allaient à la procession.

En dehors des Pardons, ici, les Bretons se retrouvaient pour des fêtes. Il y avait toujours un repas chez l'un ou chez l'autre. Ma mère chantait des cantiques et de vieilles chansons bretonnes. Les gens du pays ne chantent pas alors que les Bretons chantent facilement. Pour un Breton, chanter c'est comme marcher, respirer, ça fait partie des choses naturelles. Pour moi, c'est un besoin.

Je comprends le breton, je comprenais la conversation courante mais je n'ai jamais essayé de le parler. Dans la famille, mon père et ma mère le parlaient entre eux et avec les aînés qui leur répondaient en français.

J'ai toujours remarqué cette préférence, un Breton pour un Breton, mais après ça ne s'est pas perpétué. Mon oncle de Bretagne m'avait dit :

— Ah ! T'as pris une du Périgord. Espérons qu'elle vaudra une Bretonne.

C'était un frère de ma mère.

Je suis allé trois, quatre fois en Bretagne. On n'est pas en relation permanente mais quand on se retrouve c'est la grande occasion.

Mon frère aîné et ma sœur n'ont pas raconté leur arrivée, je n'ai pas su comment ça c'était passé ici, c'est dommage.

Je pense qu'ils ont bien fait de venir, c'était une question de survie. Quand il y avait trois ou quatre garçons, tous agriculteurs et huit hectares, qu'est-ce que vous voulez faire à trois hommes sur huit hectares ? Vivoter ou mourir de faim.

C'est la raison majeure qui a provoqué la migration bretonne.

Nous, les trois nés en Dordogne, on est du Sud-Ouest mais on est Bretons.

Ce n'est pas fini ça, on est Breton.

De Paimpol – Côtes d'Armor - en 1928
à Miramont de Guyenne – Lot-et-Garonne.

Mon père est arrivé tout seul ici en 28. Il avait un frère marin et les autres étaient restés sur la ferme paternelle. Il était le plus jeune alors il est parti. Il a bourlingué un peu. Ensuite, il est venu ici, il a prospecté. Il voulait un petit chez soi donc il a acheté cette ferme-là.

Après, il est allé rechercher ma mère en Bretagne. On est de Paimpol. C'est le pays de la mer. Dans ma famille, une partie était marins, les autres, terriens. Mon oncle a pris la mer parce qu'il était allergique au pollen ! Allez à Paimpol, vous verrez, sur le mur des naufragés, deux mille marins disparus en quatre-vingts ans. Les bateaux partaient et ne revenaient pas. Alors le recrutement des marins se faisait à l'intérieur des terres. Les gens de la côte savaient que c'était le bagne alors, pendant les Pardons, ils arrosaient un peu les gens et ils les embarquaient.

Ils se sont mariés en 29, 30 et moi je suis né ici, en 37. À l'époque, les femmes accouchaient dans les maisons. Mon père serait bien allé à Madagascar, en Afrique du Nord, n'importe où... C'était des gens qui avaient la notion de partance. Et il y avait l'engouement pour les colonies. Mais ma mère trouvait que c'était trop loin et donc, ils ont débarqué ici. Mon parrain a convoyé les bêtes. Il est venu avec dix génisses dans un wagon. À l'époque, les chemins de fer de l'Ouest ou du Sud-Ouest donnaient une place gratuite pour abreuver les bêtes.

Ici, il y avait une demande.

Comme l'enfant issu de la région était mort à la guerre, il y avait un vide. Mais ce vide était dû aussi à d'autres conditions. En 1804, il y avait d'abord eu l'adoption du Code Napoléon, le droit d'aînesse n'existait plus. Les gens ont commencé à faire moins d'enfants pour éviter de partager le patrimoine. La vigne avait été détruite en 1890 par le phylloxéra, la grippe espagnole en 1918 a fait plus de dégâts que la guerre de 14-18, et puis, les bons des chemins de fer russe, jusqu'en 1917, où des gens ont tout perdu. Toutes ces conditions accumulées ont joué dans la désertification de la région.

Avant, les Bretons partaient au Canada. Maria Chapdelaine de Louis Hémon, c'est la saga des paysans bretons là-bas.

Ils étaient quand même organisés avec le Syndicat des Bretons et Monsieur De Guébriant. Ça partait du syndicat de Landerneau, au milieu du Finistère. Alors les gens se sont dit : « Pourquoi aller au Canada, si loin, alors qu'il y a dans le Sud-Ouest un vide ? » Des familles entières sont venues avec armes et bagages. Ces gens arrivaient et devaient faire face à beaucoup de difficultés. Il fallait défricher toutes ces fermes qui avaient été complètement délaissées. C'était des défricheurs. On enlevait les bois pour faire de la terre.

Ils étaient aussi beaucoup croyants à l'époque et il y avait un aumônier des Bretons qui faisait le lien entre toutes ces familles. Quand les gens avaient des problèmes, cet aumônier leur disait d'aller voir untel, il allait les dépatouiller. Au fond, c'était un genre de boîte à lettres ou à communication. Il avait la confiance d'un tas de gens. Après, il y a eu l'abbé Mévellec qui a fait beaucoup pour adoucir. C'était un homme avec une certaine prestance qui savait dire la vérité.

Mon père a été, entre les deux guerres et jusqu'en 1949, Président du Syndicat des agriculteurs migrants du Lot-et-Garonne. Ce syndicat servait aux migrants. Il leur permettait de se retrouver, parce que souvent, ils ne se rendaient pas compte qu'à quinze kilomètres, il y avait un gars du même village qu'eux. Alors, une solidarité se faisait naturellement par ce biais-là. Voici l'annuaire de tous les Bretons qui sont arrivés dans la région avant 1949 et après. C'est mon père qui l'a fait. C'est très important cet annuaire. Mon père me disait toujours :

— Si tu as des nouveaux, il faut les ajouter.

Mon père était aussi ingénieur agricole et expert judiciaire. Donc, il arrangeait les histoires de famille, les différents entre un fermier et ses fils, les successions… Beaucoup de Bretons ont eu à faire à mon père.

Il a travaillé entre les deux guerres et jusqu'à sa retraite. Comme il était ici de longue date, ça aidait beaucoup. Il connaissait tous les gens.

C'est lui qui avait lancé en 36 la première Coopérative. Ces Bretons ont aussi créé la première Maison Familiale Rurale à Lauzun. Ils ont voulu faire les structures qui leur manquaient.

Ils étaient vaillants. Avec les chevaux, ils aidaient les voisins, ils coopéraient en général, parce qu'autrefois les fermes, ça marchait à la main-d'oeuvre. J'ai toujours vu, quand j'étais gamin, des tablées de quatorze, quinze personnes. Il fallait du monde pour les récoltes. On embauchait les gens comme ça, ils débarquaient n'importe où. On les gardait deux, trois jours. On ne leur demandait pas de papiers du moment qu'ils travaillaient. C'était comme ça, il fallait du monde.

Les charretiers, le personnel saisonnier, il fallait les nourrir. Alors on tuait des bêtes tous les jours pour manger. Ma mère n'aimait pas tuer les canards, c'est moi à dix ans qui coupais leur tête. La ferme avait déjà un élevage intensif rien que pour se suffire.

À l'époque, ma mère faisait du beurre, du beurre salé. Les gens ne connaissaient pas le beurre salé ici. Elle faisait de la crème, on avait des barattes, on vendait du beurre et on vendait la crème au pâtissier du coin. Je me souviens, j'avais laissé un seau de crème dans le puits et puis, en le tirant, j'ai tout renversé. Il a fallu curer le puits parce que ça pouvait s'infecter. Ma mère faisait des crêpes, les crêpes en dentelle. Il y avait une plaque dans la cheminée sur le trépied et puis elle mettait la crème comme dans la région de Paimpol.

Il y avait un échange de services entre les gens. Les Bretons ne connaissaient pas la vigne, ils ne connaissaient pas le prunier, toutes ces techniques… Ils ne savaient pas atteler les vaches. Ils préféraient les chevaux, ils les ont fait prospérer. Ils ont mis les fers à leurs chevaux, ils ont amélioré leur poids pour qu'ils tirent davantage parce que les terres ici sont plus lourdes qu'en Bretagne. Ils ont amélioré la race avec des chevaux plus lourds.

Et après, j'ai maintenu le patrimoine tout seul, pendant trente-cinq ans.

Au début, il y avait l'élevage, les fermes un peu auto-suffisantes et dans les années soixante, soixante-dix, la mécanisation a tout changé. J'ai fait tout seul les surfaces de la ferme et mon fils maintenant est aussi tout seul, il passe en bio.

J'ai un menhir.

Parce qu'on ne renie pas ses origines, parce qu'un menhir est situé au cœur, parce que le menhir est un lieu de revitalisation. On a fait une reconstitution historique pour l'installer. On avait même un druide.

Mes parents ont toujours cherché de l'eau, mon père a toujours cherché de l'eau. Il a fallu acheter une maison pour avoir un puits. On ne voulait pas la maison mais c'était pour l'eau.

J'avais vu ce monsieur quand j'étais gamin, il sentait l'eau. C'était un prêtre, un vieux curé. Il avait cherché l'eau à travers l'Afrique et le syndicat de La Brame l'avait fait venir. Mon père était là aussi et il avait trouvé ce puits artésien, c'était un puits qui jaillissait. Ça m'avait frappé. À dix ans quand on voit des choses comme ça, ça marque.

Ma mère avait besoin de revenir tous les ans en Bretagne, ça lui faisait du bien. Je pense qu'elle a regretté, oui, mais après elle s'y est fait. On était cinq enfants alors elle s'est faite à la région. Elle avait besoin de revenir un peu sur Paimpol ou dans ces coins, mais ça se comprend, c'est logique. D'ailleurs il y avait toujours un va-et-vient. Les cousins débarquaient, d'autres venaient faire un voyage de noces, d'autres allaient à Lourdes. On les revoyait quarante ans après. Ils avaient des fermes d'élevage et c'était dur. Dans les fermes, c'est dur quand même.

Ceux de la première génération sont restés ici. Ils se sont très bien adaptés. Il y a eu beaucoup de mariages avec des gens du coin et des Italiens aussi. Au fond dans la région, les trois-quarts des gens sont d'ailleurs. Chacun a apporté un peu la touche de son coin.

Oh moi, je me sens Breton. Tous les ans, je vais m'y retremper. J'ai de la famille en Bretagne. Je me sens bien en Lot-et-Garonne aussi. Mais c'est vrai qu'on a une entité bretonne quand même.

Pour savoir où on va, il faut savoir d'où on vient.

De Coray - Finistère - en 1928
à Pardaillan – Lot-et-Garonne

De Plénée-Jugon - Côtes d'Armor - en 1929
à Lauzun – Lot-et-Garonne

Je suis Bretonne, je suis du Finistère. Mes parents sont arrivés ici en 28, à Pardaillan. Les cinq enfants, on est tous nés ici. Mes parents se sont mariés et ils sont venus.

En arrivant du Finistère, il n'y avait personne pour les accueillir. Mon père était venu voir à l'avance une ferme, c'était tout beau. Mais après, il n'y avait pas d'emprunt comme maintenant, ils n'avaient pas de quoi payer et on ne leur a pas fait de cadeau. Ils se sont fait entourlouper quoi ! Ils sont toujours restés sur la ferme mais ça a végété. Ce n'était pas la grosse exploitation. D'ailleurs, les terres, il a fallu beaucoup les défricher. Mon père avait amené des chevaux mais ce n'était pas comme en Bretagne. J'ai deux frères qui y sont restés jusqu'à leur retraite, puisqu'ils étaient célibataires.

Je sais que maman n'aurait pas voulu rester dans cette maison parce qu'elle ne lui plaisait pas. Mais il n'y avait pas d'autre solution. Ils étaient d'une famille nombreuse tous les deux. Maman était la plus jeune de huit. Elle avait perdu ses parents assez jeune. Elle était employée chez un frère, après chez une sœur. C'était la bonne quoi ! Bonne à tout faire.

Mon père était l'aîné de six ou sept. Il n'y avait pas d'autre solution, il n'y avait pas de place là-bas. Mon père était de la même commune que l'abbé Mévellec. Je l'ai vu, l'abbé Mévellec, je l'ai connu. Maman est allée à l'école avec ses sœurs. Il venait aussi à Saint-Cernin de Duras, c'était l'aumônier de tous les Bretons.

On n'a pas cherché à savoir pourquoi ils étaient venus, par qui, comment, je ne sais pas.

Mon père a dû y retourner une fois tout seul, pour l'enterrement de son père, je crois. Mais tous les deux, pas avant 49. Et ils m'ont emmenée, j'étais la plus jeune. On avait fait le tour de toutes les familles, des oncles et des tantes et j'avais connu et mémorisé pas mal de cousins et cousines que mes frères et sœurs ne connaissaient pas. J'étais la plus jeune et j'avais des cousines germaines qui avaient des enfants de mon âge.

On n'a pas connu les grands-parents, aucun grand-parent. Une cousine est venue par ici, presque tous les ans. La première fois, elle était avec une nièce de l'abbé Mévellec. Elles étaient encore jeunes, elles avaient vingt ans. Elle venait surtout chez ma sœur pour les vendanges. Elle aimait ça d'ailleurs.

Mes parents parlaient breton, surtout entre eux et puis quand il fallait nous gronder. Là, on comprenait ! Mon père parlait français, il avait son Certificat d'Études. Il savait nous le dire ! On allait à l'école à Duras. On y allait à pied, matin et soir, cinq bons kilomètres.

Il y avait deux familles de Bretons qui venaient du même canton qu'eux. Elles habitaient en Gironde, mais pas loin de Duras. On se rencontrait assez souvent parce que le monsieur, c'était le parrain de mon frère et maman était la marraine de son dernier fils. Alors, on se voyait assez souvent et avec d'autres aussi. On faisait quelquefois vingt-cinq kilomètres à vélo, il fallait qu'il fasse beau.

Ma mère ne portait pas sa coiffe. Mais je l'ai vue dans l'armoire avec le petit tablier fleuri. Le fond était bleu marine avec des roses en velours en relief, rouges ou bordeaux.

Ma mère faisait du beurre et elle le vendait à Duras. Elle faisait la crêpe bretonne, avec la farine de blé ou de blé noir. Je me rappelle, alors ça j'adorais, elle faisait cuire une galette, elle la mettait de côté, elle faisait cuire la seconde et puis quand elle était cuite, elle mettait des paquets de beurre, elle mettait l'autre dessus, elle nous pliait ça comme on plie une serviette, c'était bon ! Le beurre, à ce moment-là, on ne l'économisait pas beaucoup. Elle faisait la galette, mais elle mélangeait sarrasin et farine de blé, comme ça elle était moins sèche.

Tant que mes frères n'ont pas été capables de travailler, c'étaient eux qui avaient la responsabilité des vaches. J'étais la plus jeune, j'y allais pour jouer. Après, j'ai gardé les vaches. J'emportais ma poupée en chiffon, je lui faisais des habits. Je n'ai pas le souvenir de m'être ennuyée. C'est vrai que les frères n'étaient pas loin. Ils avaient deux ans de plus que moi, deux ans, quatre ans, six ans et huit ans à peu près.

Quand on était plus jeune et que les Bretons parlaient de chez nous, ils disaient toujours « la Dordogne » parce que les premiers sont arrivés en Dordogne. D'après eux, là-bas, tout le monde était venu en Dordogne. Nous autres, même si on était du Lot-et-Garonne, ils disaient « les cousins de Dordogne ». Je suis retournée en Bretagne avec mes parents à douze ans, puis à vingt ans avec un de mes frères pour un mariage, et en 70 pour la sépulture d'une tante.

Je suis Bretonne, mais bon, je suis d'ici maintenant. De toute façon je ne peux pas le cacher, si je dis mon nom !...

Je suis des Côtes d'Armor.

Mon père est venu avec son frère et sa famille à Lauzun. Mon père n'avait plus ses parents je suppose. C'était le dernier de la famille. Comme ils étaient très nombreux, il était domestique chez son frère.

Ils sont arrivés en 29, je pense.

Ma mère est venue avec ses parents mais ils ont beaucoup bourlingué. Au départ, ils étaient, je crois, à Saint-Quentin. Ils avaient emprunté mais ils ont été saisis. Après, ils ont été un peu partout et ils ont atterri en dernier à Saint-Aubin.

Les parents de ma mère sont arrivés par le train, avec les bêtes. Des démarcheurs leur avaient dit qu'en Dordogne, il se passait ci, il se passait ça. Ils auraient des conditions de vie et de travail bien meilleures et il y en a qui ont franchi le pas et qui ne l'ont pas regretté.

C'était mieux qu'en Bretagne parce qu'ils manquaient de tout là-bas. Ma grand-mère maternelle disait qu'en Bretagne, ils étaient pauvres. C'est un fait. Elle racontait qu'elle allait en journée. Ils étaient cinq ou six journaliers. On leur donnait à manger, du pain mais pas trop avec une pomme cuite à frotter dessus. Il fallait tous se la passer. Elle mangeait mais elle gardait un quignon de pain pour la faim.

Ici c'était moins dur.

La mentalité était un peu différente par rapport aux gens d'ici. Même en cuisine, les gens mangeaient différemment, et le travail aussi. Autrefois, moi je l'ai connue, c'était la charrue avec un manche. Les Bretons ont importé le brabant, des roues avec une charrue et puis arrivé au bout du rang, c'était réversible.

Ils ont aussi amené les brettes, ce n'était pas les normandes, c'était les brettes ! Ils appelaient ça les « vide-feniers » parce que ça mangeait trop de foin. Le fenier c'est l'endroit où on stockait le foin. Ici, c'était des garonnaises uniquement. Ce n'est pas exigeant la Garonnaise, d'abord ça ne fait qu'un veau et puis il n'y a pas de production laitière après. Pour avoir un peu de lait, il faut soigner les vaches, il n'y a pas de secret et c'est bien longtemps après que les gens du pays se sont mis à faire le lait comme nous.

Les Bretons faisaient le beurre, ils gardaient le petit lait pour nourrir les cochons. Ma pauvre maman faisait du beurre dans des conditions ! Quand il faisait froid, le beurre ne se faisait pas. Je l'entendais pendant des heures tourner sa baratte, mettre de l'eau chaude, s'énerver et l'été, avec la chaleur, ça caillait de suite. Au printemps, il y avait du très bon beurre quand les vaches allaient dans la pâture mais l'hiver, il était un peu fort quand même.

Ma mère le vendait, certains voisins en achetaient, des plaques de cent-vingt-cinq grammes, le quart comme on l'appelait. Elle allait le vendre à bicyclette à Castillonnès, à Eymet. Elle avait sa clientèle. Je me rappelle du curé de Saint-Aubin qui était parent avec un député de Périgueux. Quand il recevait, sa servante achetait carrément un kilo de beurre. Ils faisaient aussi le petit salé, c'était dans la saumure je pense, et le boudin, ça ne se faisait pas en Bretagne.

Les fermières élevaient beaucoup de volailles. Elles vendaient des poulets, des canards, les œufs et avec les œufs, elles s'achetaient l'épicerie. Des fois, j'accompagnais ma mère à vélo à Castillonnès. C'était les fameuses routes blanches avec les nids-de-poule. Alors ça secouait le panier. Il partait de côté. En cours de route, il fallait s'arrêter pour remettre tout ça. Il y avait un très gros marché à la volaille à Castillonnès. La foire aux dindons, je l'ai connue. Avant Noël, c'était noir de dindons et de monde. Ça descendait jusqu'à l'église. Tout partait.

Comme il y avait une grande communauté Bretonne, ils se regroupaient pour les dépiquages, les vendanges... Et puis, quand même, il y avait les foires autrefois, comme Sainte-Catherine à Eymet. On y passait la journée. On achetait le casse-croûte et puis tout le monde se retrouvait, c'était convivial, c'était la fête. Ma grand-mère a eu une voiture à cheval à une époque, elle n'a jamais su monter à vélo. Autour de l'église, il y en avait plusieurs. Le boulevard était noir de monde et la rue pareil. Comme au foirail, des rangées de bétail et les maquignons, les affaires se faisaient. On y allait à vélo avec mon père et ma mère. On retrouvait la famille de Pardaillan qui venait passer la journée. Il y avait des gens qui venaient de loin. Il y avait le cirque, le cinéma, et le bal aussi. Les jeunes faisaient la fête jusqu'au soir, c'était animé.

Ici, les vieilles personnes, je les ai connues avec les coiffes, même la semaine. Elles étaient noires. C'était comme une cocarde, avec une espèce de cravate qui pendait. Elles la mettaient sur le chignon. J'en ai connu plusieurs comme ça. Mais les familles qui sont arrivées ont adopté les coutumes d'ici. S'ils avaient mis leur costume, cela aurait été une curiosité.

Il y avait des fêtes religieuses sur Cadelech. Ma grand-mère est allée au Pardon à Cadelech. Comme elle disait, tous ces Bretons, ça chantait à tue-tête ! Ils étaient dans la religion à fond. C'était une très grande fête, la réunion de tous les Bretons. L'aumônier faisait le tour de toutes les familles bretonnes mais il n'est jamais venu à la maison. C'était une très belle fête, les Bretons étaient très pratiquants.

Ils étaient très famille aussi. Toutes les familles se réunissaient plusieurs fois par an, pour tuer le cochon, pour le premier de l'an ou Noël. J'avais un oncle à Sainte-Eulalie, un autre à Falgueyrat. On se retrouvait assez souvent.

Mes parents se sont mariés à Saint-Sulpice. Après, ils sont venus à Saint-Aubin où je suis né, en 36. Le jour du repas de mon baptême, il paraît qu'il faisait un froid givrant, la famille est venue à bicyclette. Quand ils sont arrivés, ils étaient dans un état épouvantable tellement il faisait froid. Tout le monde se rappelait de mon baptême, ça les a marqués !

Avant la guerre, ils étaient métayers. Les maisons étaient en vis-à-vis. C'était toujours en bisbille un peu. La patronne, elle avait des yeux de chouette et quand je la rencontrais, elle voulait toujours me faire la bise. Mais je ne l'aimais pas.

Ils se sont très bien adaptés. Les conditions de vie et de travail étaient meilleures qu'en Bretagne.

Je suis allé à l'école à Saint-Aubin jusqu'en 46, puisqu'on est venus ici après. Tous les enfants de mon oncle et ma tante sont allés à l'école à Saint-Aubin. Il n'y a pas eu de problème d'intégration, de ce côté-là, il n'y a pas eu de problèmes. À l'école, il y avait aussi des familles d'Italiens, c'était les macaronis et les Bretons. C'était des têtes de... Je ne sais plus... Des âneries quoi ! À l'époque tout le monde était pareil.

Je me rappelle, il fallait y aller en sabots. Après, il y a eu les galoches, c'était mieux. C'était une semelle en bois avec une jambière montante. Jusqu'à la grand route, c'était un chemin creux et après c'était la route blanche et puis le soir, en rentrant, il fallait tout laver pour repartir le lendemain. Les garçons étaient en culottes courtes. Il y avait des hivers rigoureux, les chaussettes ne montaient pas très haut. On les tirait le plus possible parce que les genoux quand ils se frottaient l'intérieur, ce n'était pas gai !

Quand je gardais les vaches, je pensais à la rentrée. C'était quand même long les vacances tout à fait dans les fins fonds, personne toute la journée. Je les gardais du matin jusqu'à midi, l'après-midi, on les rentrait à l'ombre. À quatre heures, on faisait téter les veaux et puis on repartait le soir jusqu'à la nuit noire. Mon père avait une manie. Il fallait laver la queue des vaches, mon dieu que je détestais ! Lui, il avait le coup, il les secouait mais moi, je m'en fichais plein la figure ! Après vous aviez beau vous laver, il y avait une odeur de purin. Tous les dimanches matins, il fallait laver la queue des vaches, ça m'horripilait. Quand j'ai pris la succession, les queues des vaches, je les ai coupées ras et puis c'était fini !

J'ai gardé les vaches depuis tout petit jusqu'à quatorze ou quinze ans. Après ils ont fermé les prés, il y a eu les clôtures électriques.

Il y avait le voisin qui gardait ses dindons, quelquefois son père venait le chercher en rouspétant parce qu'il ne rentrait pas tant qu'on s'amusait. Il était bricoleur, il avait réussi à faire une carriole. Il avait récupéré des roues d'étuve. Comme il y avait une pente dans le pré, on montait, on se mettait dos à dos, l'autre poussait avec les pieds et ça prenait de la vitesse ! Un jour, on est passés sous une vache. Le jour où son père a voulu faire une étuve, il a cherché ses roues partout !

On s'est rencontrés à un mariage à Pardaillan. On s'est mariés en 64, à Pardaillan aussi. J'ai travaillé avec les vaches jusqu'aux années 60. Les premiers tracteurs sont arrivés après. En Bretagne, ils travaillaient davantage avec les chevaux. Ici, c'était les bœufs ou les vaches. Finalement, les Bretons d'ici ont pris les habitudes de travail d'ici.

Il leur en a fallu du courage.

Je suis allé deux fois en Bretagne. Quand je suis revenu du régiment, j'y suis allé avec ma mère. Et puis on y est retournés avec une de nos filles dans la famille de ma femme. Mon cousin de

Bretagne a retrouvé les feuilles de notes de mon père quand il était à l'école :

Ecole des Cordeliers de Dinan, classe de 4 A, mois de janvier-février 1921. Il avait de bonnes notes.

Mon cœur est encore à Saint-Aubin, c'est mon lieu de naissance.

C'était une bonne chose de venir ici. De toute façon il n'y avait pas assez de terres pour eux en Bretagne. Il fallait que certains se sacrifient.

On les a un peu poussés à partir.

**De Plénée-Jugon – Côtes d'Armor - en 1929
à Saint-Jean-de-Duras – Lot-et-Garonne.**

Nous, c'était en 29 l'arrivée.

Je suis née en arrivant ici, le premier mai, à Saint-Jean-de-Duras. On est arrivés à huit ménages ensemble. C'était tous des cousins. Ils venaient tous des Côtes d'Armor, de Plénée-Jugon. Mes parents n'avaient plus les leurs quand ils sont partis.

Ils avaient entendu dire qu'ici en Dordogne, il y avait un comte qui cherchait des fermiers. Il avait plusieurs fermes qui n'étaient pas louées. Alors, ils se sont contactés et ils se sont dits :

— Pourquoi on n'irait pas ? On partirait tous ensemble.

C'est vrai que c'est plus gai que de partir tout seul à l'aventure. Alors c'est ce qu'ils ont fait. Ils sont venus par le train. Ils avaient même amené des vaches parce qu'ici, ils n'avaient rien. Ils avaient un train rien que pour eux. Il me semble qu'ils ont débarqué à la gare de Falgueyrat. Mes parents avaient une vache blanche et noire, je m'en rappelle, on l'a gardée longtemps, et un cheval. Ils avaient amené la vache pour avoir du lait pour nous. Ils n'avaient pas besoin de l'acheter.

Et puis après, ils ont essayé de trouver… en groupant des familles. Il y avait ces fermes mais c'était au mois de septembre que ça se louait, certaines avaient encore des gens dedans. C'est pour ça qu'ils sont allés d'abord à Saint-Jean-de-Duras. Ils ont trouvé un monsieur qui est devenu mon parrain.

Au fur et à mesure, ils se sont installés, ils se sont bien débrouillés mais ils étaient mal vus en arrivant :

— Oh, ces sales Bretons, ils nous ont amené les doryphores !

Parce qu'il n'y avait pas de doryphores avant. Et puis mes parents parlaient comme on parle en Bretagne :

— Ah, on les comprend pas, ils parlent vite et puis ils mangent la moitié des mots !

On était mal vu. Surtout qu'ils étaient deux, trois familles ensemble. Ma mère disait :

— Les gens, ils me regardent, ils me regardent. On dirait une bête curieuse. Pourquoi ces « sales Bretons » ? On se lave comme eux !

J'étais jeune mais je me rappelle toujours de ça.

C'étaient mes deux frères qui allaient avec ma maman au marché, à l'épicerie à ce moment-là. Ma mère gardait les œufs de la semaine et avec la vente, elle avait presque toute son épicerie, elle était contente.

Ils ont démarré comme ils ont pu mais ils s'en sont bien sortis.

Il y a autre chose aussi qui ne plaisait pas à ma mère. Ils appelaient mon frère quand il allait faire les courses avec elle, « le drôle » :

— Mais il est pas plus drôle que les autres !

Elle n'avait jamais entendu parler de ce nom. Elle pensait qu'ils voulaient dire qu'il était bête quoi, pas dégourdi. Elle l'avait mal pris.

Après, ils sont venus à Mandacou.

On faisait le beurre. Mon père prenait le train à Falgueyrat avec son panier, je le vois encore partir, et il allait vendre le beurre à Bergerac autour de l'église. Il y était le matin de bonne heure et il revenait à midi.

Quand j'ai commencé à faire du vélo, j'allais ramasser des poireaux dans les champs. Je les préparais, je les lavais, je faisais des petits paquets. J'étais contente, c'était pour moi l'argent, ma mère me disait :

— Tu te débrouilles, si tu veux de l'argent, tu te le gagnes.

Je ramassais aussi des pissenlits et je vendais ça sur le marché, et puis des fleurs au moment des jonquilles. Il y avait beaucoup de jonquilles. Je partais en vélo à Bergerac avec mes bouquets de fleurs, je partais le matin et je revenais à midi.

J'en ai de bons souvenirs. On n'était pas plus malheureux.

Après mon père a été malade, il est décédé jeune. Alors les marchés, pardi, il ne les faisait plus. J'ai voulu continuer, faire quelque chose, faire voir que je pouvais. Je portais du beurre aussi mais le beurre c'était pour mes parents. Mon panier sur le porte-bagages et allez ! Tous les samedis matins, je partais à Bergerac.

On allait aussi à Eymet le jeudi, jour du marché. On restait manger le midi à côté du Dropt, au café. Le cheval se reposait et on repartait. On retrouvait d'autres Bretons. On était contents nous le jeudi, on allait faire une promenade et puis on voyait le tonton, la tata, les cousins, tout ça. On était quand même nombreux. Alors on se réunissait le dimanche pour des fêtes, les communions, les baptêmes, c'était un peu la vie de famille.

J'avais un oncle à Falgueyrat. J'ai des souvenirs, c'était en 40, j'avais onze ans et ils ont eu des triplés. Tout le monde portait quelque chose :

— Mon dieu ces pauvres gens, ils ont trois bébés qui arrivent !

Ma tante avait l'habitude puisqu'elle en avait déjà huit. L'aînée avait dix-huit ans quand ses petits frères sont nés alors elle aidait. Mais c'était surtout ma mère qui y allait. On leur avait mis des étiquettes, je me rappelle, numéro 1, 2 et 3. Ils avaient fabriqué au dernier moment un lit-cage. Il y avait déjà huit lits pour les autres et ils n'avaient que deux pièces. Dans les fermes du comte, c'était comme ça. Alors les parents dormaient dans la cuisine et tous les enfants dans la chambre. Les gens ont dit :

— Il faut les aider ces pauvres gens, quand même comment ils vont faire ?

Les bébés sont nés le 1er mars, il ne faisait pas chaud. Pour sécher les langes, il n'y avait que le feu. Alors les gens de Falgueyrat et d'Issigeac en emportaient un peu pour les faire sécher.

Je n'ai pas vécu la vie en Bretagne mais je les entendais parler. Ma grand-mère, elle travaillait dans le champ, et c'était assez loin de la ferme. Elle attendait un bébé et puis elle a été prise de douleurs. Alors elle a défait son tablier, elle a accouché dedans et elle a ramené le bébé à la maison. C'est maman qui m'a raconté ça. Sa sœur était venue avec elle. Elle est toujours restée chez nous puisqu'elle ne s'est jamais mariée. C'est elle qui s'occupait surtout de nous parce que mes parents travaillaient dans les champs. Il fallait faire marcher la ferme.

J'allais à l'école à Falgueyrat, et on avait des sabots. Ah oui, il y en avait des enfants ! Les gens du pays disaient :

— On est envahis d'Italiens et de Bretons !

J'ai entendu mes parents dire ça.

On montait en sabots jusqu'à Falgueyrat, il y avait un bon kilomètre et on revenait manger le midi. Mais l'hiver, quand il faisait trop froid ou quand il pleuvait, ma mère nous préparait quelque chose et on restait à l'école. Oh ! Autrement, ça ne nous faisait pas peine, on était habitués à marcher.

On battait le blé, on dépiquait, tout se passait entre Bretons. Il y en a qui venaient de loin, de Bouniagues, d'Issigeac mais c'était entre eux. Ce n'était pas pareil avec les gens d'ici. Mes parents faisaient beaucoup de pommes de terre, de céréales mais les autres non.

Ils avaient acheté un grand charnier, un grand saloir quoi, je dis charnier parce que c'est comme ça là-bas. Ils tuaient une vache, ils tuaient un cochon, ils se partageaient la viande parce que ça faisait beaucoup pour une famille, ils la salaient et ils mettaient ça au saloir. Alors, quand ma mère faisait la soupe, elle prenait un morceau de vache ou de bœuf et puis un morceau de cochon. Elle faisait de la bonne soupe avec, dans une grande marmite et puis on se régalait. Elle faisait aussi des andouilles, l'andouille fumée. Ici, personne ne connaissait. C'était le régal quand on mangeait ça, que c'était bon ! Les saucissons, ils se sont mis à en faire. Ils faisaient les gros boyaux. « La fin du monde », c'était pour le battage. Ils faisaient de belles tranches ! C'était un régal, c'est le meilleur de tous celui-là. Et puis, ils se sont mis à vivre comme ici, ils se sont habitués.

Dans nos voisins, il y avait beaucoup d'Italiens. On s'approchait beaucoup, c'étaient des gens vaillants, travailleurs et qui aidaient, qui aimaient rendre. Si à mon père on lui disait :

— Est-ce que tu peux venir nous aider ? On va faire une corvée de ceci, ou de cela.

C'était tout de suite oui et si lui avait besoin, les autres, c'était tout de suite oui. Mais pas les gens du coin. Il n'y avait pas la même approche du tout. On était bien, on se connaissait, on leur parlait, on se disait bonjour mais pour le travail, ce n'était pas pareil.

Avec l'école, on avait des copains d'ici aussi et puis on allait dans les fêtes et tout le monde se mélangeait.

J'allais travailler chez des voisins, faire des lessives. J'étais encore jeune, j'avais douze, treize ans, enfin c'est l'âge de travailler. On me demandait toujours, parce que comme fille dans le coin, il n'y en avait pas beaucoup. Alors, c'était toujours moi qu'on demandait à ma mère :

— Elle pourrait pas venir nous faire la lessive ?

Je lavais le linge pour le café, pour la dame de la poste, pour d'autres dames, des gens du coin parce que j'y allais à pied. Le linge trempait dans une grande lessiveuse quand j'arrivais et il fallait le frotter avec un savon à la main. Bien le frotter, le mettre dans une lessiveuse, l'arranger autour, faire du feu dessous, faire bouillir. Des fois on mettait des cendres dedans pour qu'il soit plus blanc et après, je prenais la brouette et j'allais rincer au ruisseau, au lavoir. C'était les draps qui étaient lourds, de gros draps en coton. Alors pour les sortir de l'eau, je me crevais. Et puis il fallait les tordre, j'étais toute seule pour les tordre. Une fois, je me rappelle, c'était l'hiver. Oh ! Ça faisait loin pour aller au lavoir ! Enfin bon, j'ai lavé mon linge, je l'ai mis sur la brouette, l'eau coulait à travers les lattes de bois, ça l'égouttait un petit peu. Quand je suis arrivée à Falgueyrat, j'avais froid. Alors je vais pour me réchauffer, et puis le monsieur du café sort et dit :

— Mais tu as vu sous ta brouette ce qu'il y a !

Il y avait des glaçons comme dans les grottes. Quand même il faisait froid !

J'ai appris avec ma mère tout ça. Elle allait aider pour les triplés et il fallait bien tenir les autres propres aussi. C'était tous les jours, tous les jours des lessives.

Quand je restais le dimanche, il fallait bien que je fasse un peu la maison aussi. Ma mère faisait suivre tant qu'elle pouvait mais il fallait qu'elle aille dans les champs. Alors moi, je faisais à fond, partout le nettoyage dans les deux pièces, la cuisine et la chambre. On n'avait que deux pièces et dans toutes les fermes, c'était pareil. C'était froid l'hiver. Au début, on allait sur la ligne de chemin de fer et on prenait les pierres rondes, on les appelait des boulets. On les mettait à chauffer dans la cheminée et chacun prenait le sien dans un linge assez épais pour ne pas nous brûler les pieds.

Après, je me suis mariée bien sûr. J'ai fait ma vie comme tout le monde. Je suis partie et mes deux frères sont restés avec ma mère.

Je me suis mariée à vingt-quatre ans. Et oui, on avait toujours besoin de moi, alors je n'avais pas trop le temps de faire autre chose. Mon mari, il était à Cadelech, à côté du cimetière. Je l'ai rencontré au bal, à la gare de Falgueyrat. Justement, c'était un dimanche, il y avait la fête, un bal et on dansait. On l'appelait « le petit Normand ». Je n'ai même pas su son nom pendant longtemps. Enfin, on s'est fréquentés après, on a fait connaissance. Tout le monde l'appelait comme ça parce qu'il venait de Normandie. On en riait après.

Il travaillait à la ferme de son oncle et de sa tante. Ils étaient arrivés comme les Bretons.

Maman est retournée en Bretagne avec mon frère aîné et moi. J'avais dix-huit ans. On est allés d'une cousine à l'autre... Mais autrement elle n'y est jamais retournée, on ne faisait pas des voyages comme maintenant.

Moi je découvrais tout, les cousins, la Bretagne. C'était la fête, on y allait pour un mariage. C'était tout de suite après la guerre. Ils sont venus nous chercher avec un cheval et une voiture. On était habitués, ça ne nous a pas changés et puis, on allait chez l'un, chez l'autre :

—Viens goûter mon cidre, viens goûter mon cidre !

Ah, c'étaient des bolées de cidre !

Ce n'était pas du tout pareil, les gens sont accueillants mais ce n'est pas la même vie qu'ici.

Moi je suis toujours restée ici, je suis habituée. Je suis d'ici, mes enfants aussi.

Ils sont allés en Bretagne, je les ai emmenés. Ils ont gardé des relations avec les cousins.

C'est bien d'avoir gardé un lien.

Le-Sel-de-Bretagne – Ille-et-Vilaine – 1929
à Razac d'Eymet – Dordogne

Je suis de 28 et nous sommes arrivés en 29, je n'avais pas un an. Mes parents venaient du côté de Rennes, en Ille-et-Vilaine. Ils sont venus avec mon oncle et ma tante et tous les enfants. Neuf enfants.

Mon père était né en 98, il avait trente et ans. Il était jeune, en pleine force de l'âge. Mon oncle avait un peu plus.

Il y a trois, quatre autres familles qui sont venues en même temps.

Je n'ai jamais vraiment su pourquoi. Je crois que c'était, aller là où il y avait de la place, c'était un peu ça. Les fermes en Bretagne étaient petites et puis les gens étaient nombreux. Il n'y avait pas trop de place, alors c'était notre cas à ce qu'il paraît.

Dans le secteur d'où venaient mes parents, c'était des nobles. Ils avaient jusqu'à cinquante fermes mais que des petites. C'était cinq, six, sept ou huit hectares, pas plus. L'avantage c'est que les fermiers y étaient de père en fils. Ils ne mettaient jamais personne dehors. Mais ils ne faisaient pas de réparation parce qu'ils n'en avaient pas les moyens. Ils ne faisaient rien quoi, ils recevaient le fermage et c'est tout, ça s'arrêtait là.

Ici, les familles avaient un ou deux enfants. Soit le fils, soit le gendre était mort à la guerre. D'ailleurs, on le voit bien sur les Monuments aux Morts, il y a du monde, il y a du monde.

Alors une dizaine d'années après, les fermes se trouvaient libres.

C'était mon oncle qui avait acheté. La propriété était assez grande pour les deux familles. C'est vrai qu'à ce moment-là tout se faisait à la main. Peut-être qu'au début ils n'étaient pas trop nombreux mais après les enfants ont grandi et là, il y avait trop de monde.

En 33, nous sommes partis dans une autre ferme, pas loin.

Pour venir en 29, c'était la vraie expédition parce qu'ils avaient amené un peu de matériel agricole, tombereaux, charrettes, chevaux, quelques vaches même. Mon père était venu avec les animaux dans les wagons à bestiaux. C'était très lent à ce moment-là, presque huit jours. Tandis que ma mère et ma tante étaient dans le train des voyageurs. Elles avaient tous les enfants avec elle, les neuf enfants.

Ils sont venus en train jusqu'à Eymet et après à pied.

Mon père est arrivé dans le coin après nous. Il a cherché quelqu'un parce qu'il ne connaissait pas la ferme. Il voit un grand-père qui était en train de presser, c'était les vendanges. Alors il s'arrête pour demander la route :

— Vous savez, j'ai marché passablement, j'ai un peu soif, est-ce que vous auriez un peu d'eau ?

— Non, non, non, il lui dit, l'eau c'est pour les chiens. Je vais vous donner du vin.

Et alors il l'a accompagné jusqu'au cimetière à pied pour qu'il prenne bien la bonne route.

Au début, ils étaient un peu dépaysés quand même et en plus les affaires marchaient plutôt mal à la campagne dans les années 29. Je crois même que mon oncle, qui était propriétaire, avait presque regretté. Il se demandait s'ils ne devaient pas repartir parce que les années étaient très mauvaises à ce moment-là. Et puis après, bon, ça s'est arrangé un peu.

Ce qu'ils ont trouvé de différent, ont-ils dit, c'est que les terres collent énormément ici. En Bretagne, ça ne colle pas du tout. C'est une terre de granit, rouge un peu et elle ne colle pas, même aux sabots. Alors voyez un peu la différence. Il parait que quand ils ont voulu labourer, les premiers labours, ils n'y croyaient pas, ça s'arrêtait plusieurs fois ! La terre était collante, c'est tout. Ici, la terre, on dit qu'elle aime bien.

Ça a été la surprise.

Et puis la différence, c'était les chevaux. Ici on attelait les vaches et les bœufs et alors petit à petit ils s'y sont mis pour travailler la vigne avec la petite charrue. Ils ne l'avaient jamais fait.

Il y avait des chevaux dans la vigne mais c'était moins bien que les vaches. Ça allait un peu vite, les vaches, c'était plus facile. Nous avions une jument à ce moment-là, une routarde, et mon oncle avait un cheval, ça faisait deux chevaux sur cette ferme. Mais pour labourer les terres un peu lourdes, deux chevaux c'était un peu juste.

C'est que le cheval, il marche un peu vite et c'est trop lourd à tirer cette terre, la vache n'avance pas très vite, ça vient mieux. Où c'est intéressant le cheval, c'est sur la route, alors que les vaches c'est le contraire, elles n'aiment pas la route. Elles cherchaient toujours le bas-côté, toujours.

Je me rappelle avoir emmené des vaches à la foire. Il y avait des grosses foires aux bestiaux à Eymet jusqu'après la guerre. On emmenait des bêtes à vendre mais par la côte jusqu'à Eymet ce n'était pas facile. Elles n'étaient pas habituées à la route, elles ne voyaient jamais de véhicules et elles avaient peur, ce n'était pas facile.

Ici, ils avaient leur méthode de travail qui était bonne et nous avions la nôtre qui était bonne aussi. Alors chacun apportait un peu aux autres.

Du côté d'Eymet, il n'y avait guère qu'une famille qui était à peu près du même secteur que nous. Les autres, c'était plutôt du Finistère.

D'ailleurs nous, on ne parlait pas le breton, c'était une sorte de patois, un patois léger parce qu'on l'appelait le français écorché, les mots étaient déformés mais c'était du français[3] quand même. On avait presque l'impression que c'était le plaisir de déformer les mots tout en les connaissant. Certains l'employaient beaucoup et d'autres très peu parce qu'il y avait l'école. Les enfants savaient parler français.

En 33, ça me faisait cinq ans, j'ai commencé à aller à l'école à Razac. Ça me faisait moins loin que mes cousins dans l'autre ferme. Ils sont toujours venus à pied. Ça leur faisait du chemin et par tous les temps. Alors, dès que c'était la belle saison ils pouvaient passer par le bois, un chemin en travers, ça raccourcissait pas mal. Mais l'hiver non, parce que c'était plein d'eau.

---

[3] En fait, il s'agit du gallo, langue d'oïl parlée en Haute-Bretagne (Est).

J'ai entendu dire qu'à l'arrivée des Bretons et des Italiens, ils étaient tellement nombreux que la classe unique était arrivée à presque cinquante élèves avec une seule demoiselle. Après, il y a eu un double poste, ça s'est arrangé. Les autres familles, ils étaient nombreux aussi alors ça faisait vraiment des enfants. Ça faisait vraiment du monde d'un coup, c'était énorme.

J'ai jamais bien aimé l'école, voilà, j'ai appris un peu par force. C'est un tort mais c'était comme ça. L'école ça ne me disait pas grand-chose. Et l'instituteur à cette époque, il était assez dur. Il était très sévère, pas souple du tout. Les gifles, tirer les cheveux, pour les mauvais élèves c'était tous les jours. Il n'avait pas le droit mais il le faisait quand même. On savait que quand ça chauffait trop c'était une claque à droite et une claque à gauche et là vous ne saviez plus où vous étiez.

Et puis, il y avait la fameuse baguette aussi, la baguette qui faisait trois mètres de long. Là, depuis le bureau, il vous faisait passer au tableau. Il avait la baguette, vous faisiez une erreur et alors pan sur la tête avec la baguette. Alors là, vous en faisiez deux d'erreurs après !

Je pense qu'un enfant qui ne comprend pas, s'il n'a pas de volonté d'accord, mais s'il a un peu de volonté et qu'il ne comprend pas, il faut lui expliquer.

J'y suis allé jusqu'à quatorze ans, jusqu'en 42 parce que la loi était passée, pas de certificat d'études avant quatorze ans. Et en plus j'étais tout seul pour passer le certificat d'études cette année-là parce que l'instituteur, il choisissait, disons, les meilleurs. Il ne présentait pas tout le monde. Les autres, ils sortaient de l'école sans rien.

Il y avait deux bâtiments différents, l'école des petits et l'école des grands. L'institutrice, quand elle avait un élève qui travaillait mal, elle l'envoyait, comme on disait, chez le Monsieur :

— Va chez le Monsieur !

Il allait avec son devoir qu'il n'avait pas su faire. L'élève n'était pas fier et le Monsieur ne se gênait pas pour lui foutre une paire de claques encore. Ce n'était pas une fois de temps en temps, c'était souvent. Alors c'était presque le martyr pour celui qui partait là-bas.

Le malheureux puni, il fallait qu'il monte le bourg pour aller à l'autre école.

On disait le Monsieur, on disait la Dame et le Monsieur.

Nous ne sommes jamais restés à la cantine, ce n'était pas loin. Alors à midi, on repartait à la maison. Sauf quand il faisait vraiment très, très mauvais temps et qu'il y avait des grosses pluies.

La nourriture ce n'était pas la même, non.

C'était la galette, enfin il y avait le pain, mais surtout la galette de sarrasin. Mes sœurs ne l'ont jamais faite mais ma mère oui, pendant très, très longtemps sur une plaque en fonte. C'était une sorte de crêpe grise.

On en a cultivé du sarrasin. Le blé noir ça venait bien, très bien.

C'était spécial, ça ne venait pas très haut le sarrasin, ça faisait une fleur blanche et quand vous le coupiez avec la faucheuse, le pied était vert encore. Il fallait le mettre debout par petits paquets, debout pour qu'il sèche. Ça faisait un petit grain noir. Il fallait le moudre et le tamiser pour faire la galette. On allait au moulin à Serres. Il a fonctionné très, très longtemps, je m'en rappelle.

Nous avions aussi la bouillie d'avoine, alors là c'était autre chose. Il fallait qu'elle soit un peu grillée, légèrement, dans le four à pain. Elle n'était pas cuite mais elle était un peu séchée. Après, il fallait qu'elle soit moulue évidemment et puis passée avec un tamis très, très fin. C'était vraiment la fleur d'avoine, le fin du plus fin de cette farine.

On pouvait faire une bouillie très liquide. Tant que c'était chaud, c'était très liquide, c'est en refroidissant que ça prenait. Je l'aimais beaucoup. Ça se coupait très bien. Ça faisait comme du flan et ça pouvait se manger avec du lait chaud. Vous mettiez ce morceau dans le lait, faut être habitué. Et alors ce que je préférais moi, il en restait toujours un peu le lendemain, c'était passé à la poêle avec du beurre, et alors là, ça avait un goût… C'était mieux que du caviar.

Ma mère en faisait souvent, mais moins souvent que la galette, c'était l'hiver surtout.

Le lait caillé, le lait baratté ou le petit lait, c'est pareil, je me rappelle, j'en mangeais des quantités.

Le petit lait, c'était très bon, surtout l'été quand il faisait chaud. On mettait le lait entier dans des pots en terre pour l'égoutter, la crème montait, il fallait deux, trois jours suivant la température. La crème montait en surface, alors il fallait la prendre pour faire le beurre et dessous il restait le lait caillé. Et ce lait caillé c'était pareil, question d'habitude, il fallait être habitué mais je l'aimais beaucoup.

Je tournais la baratte, oui, oui. Alors là c'est pareil, côté température, parce que le beurre, pour qu'il marque, ce qui s'appelle marquer, il faut la bonne température. S'il fait trop chaud ou trop froid, c'est très difficile alors il faut rajouter un peu d'eau chaude l'hiver et de l'eau fraîche l'été, enfin c'est assez compliqué.

On n'en vendait pas, c'était pour la consommation, c'est tout.

Il n'y avait pas de ramassage de lait. Il passait tout en beurre. Il n'y en avait pas une grosse quantité parce qu'on avait une, deux ou trois vaches laitières par ferme, c'était juste pour avoir du lait, du beurre.

Les voisins, ils n'étaient pas mangeurs de beurre et nous on avait aussi l'habitude de le saler. Ça arrivait que quand on faisait le beurre, il n'y en avait plus de beurre baratté d'avance. Alors sitôt la baratte ouverte, on goûtait le beurre frais comme ça, il était doux. À partir de là, je me suis rendu compte que je préférais de beaucoup le beurre doux.

Les gens connaissaient pas du tout le beurre et puis ils s'y sont mis petit à petit.

Peut-être on a été regardés un peu de travers au début, c'est possible. Il ne faut pas trouver ça étonnant. Avec une arrivée comme ça, c'était des envahisseurs qui arrivaient.

Je n'ai pas entendu dire qu'il y a eu de gros problèmes dans la région. Je crois que c'est assez reconnu, les gens d'ici, ils n'ont jamais fait tellement cas des nouveaux arrivants. Ils ont assez bien accepté.

C'était devenu comme une habitude dans la région. Il arrivait des étrangers, c'était accepté.

Ça me fait penser à quelqu'un d'ici, il avait réussi à mettre de l'argent de côté, il était fermier ou métayer. Il avait pensé à ce moment-là s'acheter une petite ferme et alors justement les Bretons et les Italiens sont arrivés, les fermes ont augmenté et du coup il n'a jamais acheté de ferme. Il l'a regretté, il n'a jamais pu acheter.

À cette époque, il y avait les dépiquages. Les gens se rencontraient à cette saison-là, ils allaient chez les uns, chez les autres.

Et puis, il y a eu le fameux Pardon de Cadelech. Ça a duré pendant des années jusqu'en 57, 58, par là. C'était une réunion de Bretons du secteur, mais des Bretons qui parlaient la langue, il y avait une messe, des chants en breton. Mes parents y allaient aussi. C'était l'après-midi, c'était plutôt une rencontre une fois par an.

Ma grand-mère portait une coiffe, je m'en rappelle. Elle a toujours porté une coiffe de Bretagne. Elle l'avait tout le temps ici aussi. Le dimanche, elle avait la coiffe du dimanche voilà, c'était comme ça. Tandis que ma mère et ma tante, elles n'ont jamais porté la coiffe, ça avait commencé à se perdre. Comme grands-parents ici, je n'avais que la mère de ma mère qui est enterrée ici. Elle avait suivi ses deux filles.

Mes grands-parents paternels sont restés en Bretagne. Mon grand-père était menuisier et ma grand-mère tenait une petite épicerie, alors ça n'avait rien à voir avec la campagne.

Ma grand-mère paternelle est venue une fois ou deux avec une tante.

Mon père avait commencé à apprendre le métier de menuisier avec son père et il m'a toujours dit que quand il voyait passer les charretiers dans le bourg avec tombereaux, charrettes et chevaux, rien que ça, ça lui donnait envie de la campagne. Il est parti domestique agricole parce qu'il avait cette idée, voilà. Il était attiré par ça.

Mes parents, ils allaient en Bretagne à l'occasion d'un enterrement. Ils n'y sont jamais allés ce qui s'appelle, en vacances, jamais.

Apparemment, mon père n'a jamais regretté, ma mère peut-être un peu plus. Elle regrettait peut-être un peu l'ambiance, mais les femmes je pense, c'est différent. Un homme en agriculture, il est appelé à sortir, à rencontrer des gens mais une femme c'est différent. Et puis il y avait, comme on dit, les commérages, alors quand on est du même secteur, ça marche. Quand vous vous déplacez, plus rien, ça doit faire un vide. Mais avec les enfants, ça change les idées. Nous étions neuf enfants, quatre et cinq, ça faisait du monde. Aucun n'est né ici.

Oh ! Je n'y suis pas allé souvent en Bretagne. Une fois pendant mon service militaire, j'ai profité du quart de place valable pour n'importe quelle destination. J'étais allé une fois à Paris, une fois en Bretagne.

J'y ai passé quarante-huit heures. Je suis allé chez une sœur de mon père et aussi chez une tante, la sœur de ma mère qui était dans le bourg où je suis né.

Je connaissais tous les noms des lieux-dits, des communes voisines, tout ça, par entendre mes parents. Je connaissais tout par cœur comme par exemple, les cars « Girard ». Quand je suis descendu du train, qu'est-ce que je vois ? « Car Girard », et bien je dis, ça y est, j'y suis. J'ai compris une quantité de choses comme ça.

Alors, on est allés à l'église où j'ai été baptisé, au cimetière. Il y avait quantité de noms que je connaissais. Mes parents, ils en parlaient beaucoup, comme ça dans la conversation, ils parlaient d'Untel, d'Untel et comme ça revenait souvent, on arrivait à connaître presque autant que d'y être.

Je me sens plus d'ici bien sûr. La Bretagne, à part ce que j'ai entendu, je ne connais pas.

Je suis devenu propriétaire quand je suis venu ici en 56.

Je me suis marié avec une Italienne. Une Italienne un peu comme moi. Elle avait deux ans quand ils sont venus en 31 ou 32. Ils venaient du côté de Venise.

Il s'est dit que les Bretons et les Italiens étaient passablement pratiquants. Ça a joué beaucoup, ça a provoqué des rencontres.

À ce moment-là, il y avait la J.A.C., la Jeunesse Agricole Catholique. Il y avait plus de Bretons et d'Italiens que de jeunes de la région. Il y avait des réunions assez régulières et puis une fête au moins une fois par an.

Cette mémoire-là maintenant, c’est moi qui l’ai.

Ce sont mes souvenirs.

De Bain-de-Bretagne et du Sel de Bretagne
Ille-et-Vilaine - en 1929
à Razac d'Eymet – Dordogne.

Je n'avais que deux ans quand nous sommes arrivés ici, en 29. Nous étions en Ille-et-Vilaine, tout près de Rennes.

Mes parents étaient agriculteurs mais ils avaient une petite propriété et puis il n'y avait pas qu'eux. Chez nous, on était cinq enfants. Les hommes sont venus voir ce que c'était ici. Ils se sont décidés. On manquait de gens ici. Ils avaient un enfant, deux c'était… Quand il y en avait trois, quatre… Mon Dieu ! C'était quelque chose !

Enfin, ils venaient pour s'agrandir un peu parce que c'était des trop petites propriétés en Bretagne. C'est la seule raison qui les a fait venir.

Les hommes sont venus, et puis ils ont fait des groupes. Nous sommes arrivés quatre familles ensemble d'Ille-et-Vilaine. On était un peu parents. On se connaissait avant de partir. Ceux qui ont pu acheter, ont acheté. Tout le monde n'a pas pu le faire. On n'était pas très loin les uns des autres. On s'est installés avec mon oncle.

Ce voyage ! Mon père venait avec le bétail. Mon père et puis un autre, un cousin. Ils ont roulé avec le train huit jours ! Il y avait des vaches qui vêlaient… Ils ont perdu beaucoup de choses. Ils avaient beaucoup de lait au départ, ils en avaient peu après, en arrivant. Ils donnaient le lait dans les gares.

Les quatre familles sont venues ensemble, avant les hommes. Elles sont arrivées à Eymet à la gare.

Et alors ici, c'était mal fait. Notre ferme était à Razac. Quand ils sont arrivés, au lieu de laisser leurs meubles à Saint-Aubin, ils les ont laissés à Eymet. Après, avec les chevaux, il a fallu ramener tout ça dans les maisons. Et alors pour avoir ces meubles ! Ah oui, tous les meubles !

En arrivant, il y avait des Bretons pour les réceptionner, des Bretons qui sont repartis en Bretagne. Ils avaient une voiture et ils les ont amenés chez eux.

La maison était quand même petite. C'est-à-dire ma tante avait quatre enfants et ma mère cinq. Elles ont failli nous étouffer. Il faisait froid alors les mamans avaient mis des braises dans des bassines, une dans chaque chambre pour les réchauffer un peu. Et puis, il y en a une qui est allée se coucher. Et alors, elle a entendu les enfants qui faisaient mm, mm, mmmmmm... Tout le monde avait l'air de se plaindre un peu. Alors elle redescend vite, elle dit :

— On dirait qu'ils pleurent, mais nous on a mis de la braise.

— Mais, vous savez pas que vous allez en perdre !

Ils ont couru, personne n'était mort. Il faisait très froid il parait.

Au départ, c'était dur.

Les Bretons trouvaient que la terre collait ici parce qu'en Bretagne, elle ne colle pas du tout. En Bretagne, on ne lavait jamais nos chaussures et ici il faut les laver tout le temps. Alors, ils ont eu un peu de mal à travailler la terre. Ils avaient beaucoup plus de travail ici.

Je suis allée à l'école à Razac. On était comme les autres. Ah ! Ça a agrandi l'école ! Il n'y avait qu'une institutrice et il a fallu doubler la classe en grande vitesse. Tout le monde mangeait bien, tout le monde était bien. Il y avait beaucoup d'Italiens. Ça s'est fait un peu en même temps.

On était tous des élèves et puis c'est tout.

J'en ai fait, j'en ai fait… parce que j'étais la plus jeune. On tricote, on coud. Ah ! J'en ai fait ! On n'a jamais manqué l'école. Nos parents n'auraient pas voulu. Ma sœur était très bonne élève, mes parents auraient bien voulu qu'elle continue mais… Mon père avait besoin de bras. On avait quatre hectares de vigne, on allait vendanger.

C'était la fête ces jours-là. C'était par familles entières, par quarante personnes et on faisait la bringue pour la vigne et les battages.

Quand il y a eu les premiers battages, ça a été quelque chose. Les gens d'ici sont tous partis manger chez eux. Ils croyaient qu'en Bretagne ce n'était pas bon, ce n'était pas pour eux. Ils n'avaient pas remarqué que mes parents avaient pris une personne de Razac pour faire la cuisine. Il y en a quelques uns, très peu, qui sont restés. L'année suivante, ça a été fini, ils sont tous restés.

C'est drôle mais c'était comme ça.

Quand papa est arrivé par le train avec ses bêtes, on était chez des amis bretons, la famille de mon futur mari justement. Et alors papa est venu nous rejoindre. Il a fait trois, quatre kilomètres pour venir parce que c'était de l'autre côté du bourg. C'était sur la route de Saint-Julien. Il s'est arrêté pour demander sa route. Alors on lui a donné un petit coup à boire, il a été très bien reçu.

Maman faisait le beurre, il ne sera jamais aussi bien quand vous l'achetez. Elle le vendait dans l'épicerie du bourg. Chez ma tante, ils en faisaient autant.

Les autres Bretons du bourg, ils n'étaient pas de chez nous. Ils sont venus deux ans après. Ils avaient trois garçons. Ah ! C'était de belles familles, tout le monde a mangé du pain.

Il y avait des galettes. Maman en a toujours fait sur une plaque. Elle mettait surtout du beurre dessus, on les mangeait avec le lait. On faisait cailler le lait et on les mangeait avec le petit lait ou le caillé. Papa attrapait le hoquet à tous les coups, il mangeait tellement vite !

Maman faisait surtout le cochon. Elle a voulu tout faire comme ici. On faisait le boudin à l'oignon alors qu'ici c'était à l'ail.

Après, mon père a voulu partir de chez mon oncle. Il a cherché une grande propriété qu'il a prise en fermage. J'avais six ans au déménagement. Elle était grande la maison, il y avait un couloir au milieu et deux grandes pièces. Mais alors la hauteur ! Alors papa et maman ont dit :

— Dans le couloir, on va faire la cuisine.

On avait ma grand-mère en plus, elle dormait dans la cuisine. Elle est morte en 39. On avait aussi un ouvrier breton mais du bout, du bout. Il est parti de bonne heure lui, il a repris la Bretagne. Il nous avait donné son lit, un grand lit en métal. Les filles, on était toutes dans la même chambre et après quand ma grand-mère est morte, mon frère est allé dans la cuisine.

Il y avait une belle fontaine et le ruisseau pour laver le linge. La grande mare toujours propre. Ils ont fait le lac dans notre pré.

Ma mère racontait. Mes parents se sont mariés en 22. Ils étaient domestiques chez mon grand-père. Nous, c'était Le-Sel-de-Bretagne.

Chez papa, ils étaient huit enfants, ils sont restés en Bretagne. Le grand-père faisait des fûts, du bois et la grand-mère avait un commerce d'épicerie. Mon père est le seul à être venu.

Pour mes parents, les cultures, ce n'était pas du tout les mêmes. Ils ont été surpris. Par exemple les blés. Nos parents, ils les roulaient et ça les faisait doubler, ça ne les écrasait pas. Les gens d'ici voyaient ça et ils se disaient, mais ils vont les perdre ! Finalement, on avait plus de revenu qu'eux. Ça pliait les blés, ils prenaient racine, ça les doublait. Quand mes parents ont pris la propriété, ceux qui étaient dedans, c'était des gens du pays, avaient fait vingt-cinq ou trente sacs de rendement. Et mon père, d'un coup il en avait fait quatre-vingt. Même la patronne, elle n'a plus rien dit !

Les Bretons, eux, il fallait qu'ils apprennent la vigne. La sœur de la propriétaire, qui était à Monbazillac, a montré à mon père. Il a vite appris, il faisait son vin. On buvait du bon vin, du rouge, du blanc.

Les gens nous ont très bien reçus.

On était voisins avec mon mari. Nos parents se fréquentaient. On ne s'est pas mariés de bonne heure, moi dans les 29 ans et mon mari 34. On n'était pas pressés. J'étais bien moi, on se voyait dans les champs. On se connaissait de toujours. Un jour, j'étais au travail, j'étais à ramasser les raves pour les bêtes et il est passé. Comme d'habitude, il est venu me dire bonjour et il a dû se dire : « Pourquoi ne pas la prendre » et j'ai dit : « Pourquoi pas ? » Je n'y avais pas pensé du tout.

Mon père a eu un accident dans la ferme, avant le mariage. Il a glissé dans l'étable et une vache lui est tombée dessus. Il a mis longtemps à s'en remettre, alors on s'est mariés un peu plus tard.

Il y a des Bretons, qu'est-ce qu'ils ont abattu comme arbres ! Mon mari les a aidés.

Quand on s'est installés à la ferme chez mes beaux-parents, sa mère était morte à l'âge de cinquante et quelques. Elle avait attrapé la tuberculose pendant la guerre. Il y avait mon beau-père. Il était rebouteux, il était très bon. Ça s'était un peu su alors une personne est venue le voir de Lauzun. Elle s'était déboîtée le bras. C'est que c'était fait depuis un mois alors, il a dit :

— Je peux pas vous le faire comme ça.

Pendant un mois, il allait quand il pouvait lui masser le bras. Au bout d'un mois, il y avait plein de monde, plein la maison pour voir. Mais au bout d'un moment, il n'y avait plus personne parce qu'elle criait ! Il le lui a remis et après il allait encore la masser. Si bien qu'après, elle lui a donné sa maison.

Il y avait aussi l'équipe de rugby. Il y en avait toujours qui étaient déboîtés. Alors c'était tout le temps, le jour, la nuit, et comme il était gentil, il était toujours là pour n'importe qui. Après, jusqu'aux bêtes, les chevaux, qui se déboîtaient, on venait le chercher. Il faisait tout. C'était mon beau-père, il était comme ça !

Dans la propriété, on a travaillé. On faisait de tout.

On avait la vigne, les bêtes, on faisait les œufs. Les œufs, le jeudi, ça se vendait bien, sauf un jour j'ai fait l'omelette ! J'étais en voiture, j'arrive dans un tournant, il y avait des ouvriers, j'ai freiné net. Le panier était à côté de moi, j'en avais vingt douzaines. J'arrive à Eymet et je crois qu'on en a récupéré deux douzaines !

Il y avait le Pardon à Cadelech tous les ans, une messe, on mangeait un casse-croûte là-bas. C'était matin et après-midi. On chantait beaucoup, des chants bretons.

C'était plutôt ma grand-mère qui voulait repartir. Il a fallu que mes parents disent à la gare :

— Quand elle vient, renvoyez-la.

Elle allait prendre le train. Elle voulait retourner en Bretagne. Une nuit, elle a dormi dehors. Elle traversait nos prés pour aller à la gare, elle s'est perdue. Le lendemain matin, papa l'a trouvée dans un pré où il y avait toujours de l'eau, elle était embourbée là-dedans.

Elle est morte en 39, à la déclaration de guerre. Elle s'entendait bien avec maman et papa.

Elle n'est jamais retournée en Bretagne. Mais toutes les vacances, on avait plein de monde. Dans la famille à papa, ils étaient nombreux et tous en ville, alors ils venaient passer une quinzaine de jours.

Ma marraine et mon oncle venaient aussi. Ma marraine aimait beaucoup coudre.

Ma grand-mère portait la coiffe, elle la portait tout le temps. Il n'aurait pas fallu lui mettre autre chose. Elle était jolie ma grand-mère. Maman était habillée en Française.

Chez nous on était cinq, quatre filles et un garçon. Nous sommes tous là encore et l'aînée a quatre-vingt-sept ans. J'ai quatre-vingt-trois ans quand même. On s'est bien habitués ici. Quand on a eu la voiture, on a pu aller en Bretagne. On a encore de la famille là-bas.

Moi je ne me sens pas du tout Bretonne. Enfin, peut-être un peu le fond mais quand même, on est tous mélangés. C'est bien mieux comme ça je trouve.

De Bacilly – Manche - en 1930
à Eymet – Dordogne.

Je suis arrivé à deux ans, fin septembre 1930 puisqu'ici c'était en septembre pour faire sa demande pour être fermier. Mes parents arrivaient de Bacilly. Ce n'est pas loin du Mont-Saint-Michel. Moi je n'y suis jamais allé. Ils étaient quand même sept chez mon père, dont cinq garçons. Il doit y en avoir des cousins là-haut.

Ils ne sont pas venus seuls. Mon oncle était là mais il est resté une quinzaine d'années, pas plus. Il s'ennuyait ici. Il n'a jamais pu s'adapter. Il est reparti quand son fils s'est marié avec une fille de là-bas, ça tombait bien. Il avait gardé une petite ferme, il avait ses moutons. Il avait un pied là et l'autre là-bas.

On était deux demi-frères et deux demi-sœurs. Ma mère était veuve de la guerre de 14, alors elle a eu deux filles et après avec mon père, elle a eu deux garçons. Les filles, elles sont venues aussi et elles sont restées dans la région. Elles sont décédées maintenant.

Maman, elle était de la même région. Elle avait deux demi-sœurs mais pas de frères finalement quoi. Peut-être en arrivant ça coinçait, je ne sais pas. Nous autres, on était surtout tentés par l'actualité de ce qui se passait ici plutôt que par ce qui s'était passé là-bas, alors c'est flou.

Dans la région d'ici, il y avait pas mal de place vacante.

Je pense que mon père était venu un ou deux ans avant. Il avait acheté la ferme et ils sont venus par le train. Il n'y avait que ça d'ailleurs. Ils ont tout amené avec eux, les vaches, le cochon, le cheval et la voiture pour aller faire les marchés.

Même, certains, ils faisaient suivre le fourrage. Mon oncle avait fait suivre beaucoup de fourrage pour ses bêtes. Là où il achetait il n'y en avait pas. Alors il avait apporté sa récolte de Normandie.

De la Normandie, il y en avait peu. Ici c'était plutôt les Bretons.

Ce qui changeait beaucoup je crois, c'était surtout les terrains.

C'est-à-dire que là-bas, ça ressemblait un peu à la plaine de la Garonne, c'est facile à cultiver. Et c'est là qu'ils ont trouvé le plus dur, enfin je pense, je pense. Mon père travaillait avec les chevaux. Ah ! Oui, il ne fallait pas lui parler de vaches. Lui comme beaucoup, il en avait descendu deux, trois. Dans le coin, ils n'avaient que des chevaux. Je ne sais pas trop ce que pensaient les gens de la région. C'est-à-dire que pour travailler avec les chevaux, il faut être habitué, ce n'est pas pareil. On a eu une paire de vaches quand même pour les vignes.

Les Bretons, les Italiens, c'était des étrangers, ce n'était pas des Français. Quand ils parlaient d'un Breton, il n'habitait pas en France.

C'était peut-être un peu plus compliqué. Là-bas, par exemple, ils transformaient le lait en beurre et ils trouvaient assez facile à l'écouler. Ici, le transformer en beurre c'était possible, avec les mêmes moyens, mais c'était après, pour l'écouler. Mes parents le portaient à Bergerac. Vous vous rendez compte, aller avec le panier à Eymet avec le vélo, monter à Bergerac avec le car et ils le vendaient ou ils ne le vendaient pas. Là, il y avait un gros, gros problème.

Il n'y avait pas de laiterie à l'époque. Les premières collectes de lait c'était quelqu'un d'Eymet, ça remonte loin ça. Il était équipé de trois fois rien. Il faisait des fromages, là à Eymet. Il avait des « quéquettes », alors il nous avait donnés des œufs à nous autres drôles. On avait peut-être dix ans, donc un peu avant la guerre quoi, ça m'a marqué.

On a commencé à l'école libre mais enfin moi je n'étais pas amoureux des études. J'étais paresseux peut-être mais enfin ça ne rentrait vraiment pas. Ce n'était pas mon truc.

Ce qui a beaucoup changé aussi, mais ça n'arrivait qu'une fois ou deux dans l'année, c'était la cuisine du cochon. Ils n'étaient pas habitués à la faire comme dans la région. Il y avait des métayers à côté, à cent mètres. La femme qui était de la région était bonne cuisinière. Elle venait aider ma mère à faire la cuisine du cochon. Elle lui avait appris à faire le saucisson et beaucoup de choses qu'en Normandie, ils ne faisaient pas. La charcuterie, ils en faisaient peu finalement. Je sais qu'ils trouvaient ça bon, le saucisson, les saucisses, le pâté. Il n'y avait pas de congélateur, mais ils conservaient quand même. Mes parents, ils salaient et puis, ils l'enterraient dans un endroit sec, le lard par exemple. Et ça se vendait, ça se commercialisait. Je me rappelle, j'en ai vu aller vendre du lard et de la graisse sous les couverts à Eymet.

Moi, je suis née ici, dans cette maison, j'étais fille unique et nos deux enfants sont nés ici. J'entendais parler qu'il y avait des Normands qui étaient venus. À la campagne, les gens comme nous, ils ne voyageaient pas tellement.

J'allais à l'école à Eymet. J'ai passé le certificat là-bas et j'ai fait un an au cours supérieur. Après, ça a été la déclaration de guerre et je suis restée à la campagne. Après que mon père soit parti à la guerre, j'étais davantage intéressée par le travail à la maison. J'avais treize ans à ce moment-là, j'ai arrêté l'école. Je suis restée à travailler sur notre petit bout de ferme avec ma mère. Je suis restée ici pendant tout le temps de guerre parce que mon père est parti au début et qu'il est revenu dans les derniers. Il est parti le trois ou le cinq septembre 1939, il est revenu cinq ans et demi après, au mois de mai. Il a été tout le temps prisonnier.

À ce moment-là, il y avait assez de terres. On avait quatre, cinq bêtes. On faisait téter nos quatre veaux et les labours, c'est moi qui les faisais. Ma mère, elle donnait à manger aux vaches. Elle faisait tout le travail. Tout ce qui était labour, semer un peu de blé, c'était moi.

Le peu de raisin qu'on faisait, le voisin nous aidait un peu. Il avait deux paires de vaches et un domestique et il nous aidait. Il venait labourer la vigne avec ses deux paires de vaches.

Ceux qui venaient de là-bas, ce n'était pas le même genre parce qu'ils faisaient à peu près tous le lait. Ils avaient des vaches laitières tandis qu'ici c'étaient les blondes.

C'était différent quoi leur mode de culture.

Quand je suis arrivé ici c'était la grande catastrophe.

Mes beaux-parents, ils avaient quinze hectares et alors les pauvres, ils nous en avaient donné la moitié. Qu'est-ce que vous voulez faire de sept hectares ? On avait quatre vaches, on n'avait rien d'autre à côté. On en a mis un moment avant de trouver quelque chose ! Heureusement il y avait quatre prunes, trois poires... Les figues se vendaient. Je me rappelle, mon père m'avait donné un cheval et une normande.

On s'est mariés en 48, j'ai pris l'affaire. Je suis revenu en 50 après le régiment et jusqu'en 57, on n'avait rien trouvé du tout. Pendant les sept ans, c'était la croix et la bannière. Il semblait qu'on avait tout pour vivre et bien, ça coinçait.

Il n'y avait que le vélo pour circuler et puis on avait peu l'occasion de galoper. Moi j'aimais bien danser mais après c'était fini. Il fallait faire attention.

Celui qui ne l'a pas vécu, il le croit à peine finalement quoi.

J'ai commencé à prendre les rênes d'un cheval quand le beau-père nous en a donné un. On en a acheté un autre, on travaillait avec deux chevaux. Mais c'était plutôt mon mari que moi.

C'est dur à suivre les chevaux pour une femme.

Ma femme ne mange pas de beurre, elle n'aime pas. Elle n'aime pas le lait. Ah moi oui, je ne déjeune qu'au lait tous les matins, la soupe au lait quoi. Même souvent, dans l'après-midi, avant d'aller donner à manger aux veaux, je bois un café au lait.

Mes parents, le matin, ils déjeunaient à la soupe au lait, c'est-à-dire c'était du lait monté bien entendu, du pain coupé et ils trempaient ça, comme ici ils le trempent avec du bouillon. Moi je mets un peu de café avec mais, mes parents, ils n'en mettaient jamais. Ils buvaient le café après.

Oh ! Ça n'empêchait pas mon père de boire un verre de vin après aussi.

Moi, c'était saucisson et gros rouge comme on dit, du pâté, des bricoles. Je buvais un peu plus de vin que maintenant. Maintenant je n'en bois pas du tout.

Autrement, quand on a pu laisser les drôles, on allait à des soirées organisées dans la région tous les vendredis soirs. Il y avait aussi les fêtes de village.

C'était loin d'ici. Je ne sais pas si on y reviendra mais j'espère.

Quand on repense à tout ça, ça fait un défilé de choses. Ça a bien changé finalement quoi.

Avec l'âge, il y a des choses qu'on ne regrette pas parce qu'on ne pourrait plus les pratiquer ou alors, avec l'âge on oublie certaines choses. Qu'on le veuille ou non il n'y a rien à faire et alors non, on ne regrette rien sinon on va être malheureux. On a beau faire ce qu'on veut, après un temps vient l'autre. On s'en va au fil de l'eau quoi.

À présent, on accepte volontairement et obligatoirement ce qu'on n'aurait pas accepté il y a trente ans.

Ce qu'on regretterait presque, ce serait de dire, on a travaillé, fait des petites affaires et puis, on se demande si ça valait la peine d'avoir mis de côté soit quelques hectares, soit des valeurs.

À quoi ça sert d'avoir tant marché finalement ?

Quand j'en vois certains, je me dis, il en aurait trois fois moins, il vivrait aussi bien. Il y en aurait pour quatre et lui il n'aurait pas besoin de marcher aussi vite.

L'être humain, il pourrait vivre à moins. Maintenant qu'on est nombreux, chacun pourrait avoir sa chance pour s'épanouir, tandis que là, on en arrive à un point où vraiment, il y en a qui vont se trouver étouffé là au-milieu. On va être réduits, comme mes parents quand ils sont arrivés ici, à changer de région.

C'est bizarre quand on revient en parler.

On ne reviendra jamais aux petites fermes familiales.

De Saint-Malo-de-Phily - Ille-et-Vilaine - en 1931
à Eymet – Dordogne.

Mes parents sont arrivés en 31 d'Ille-et-Vilaine, de Saint-Malo-de-Phily. Ils avaient quitté Bain-de-Bretagne après la guerre de 14. Ils avaient une petite propriété, elle n'était pas assez grande, peut-être sept, huit ou dix hectares, alors ils sont partis à dix kilomètres. Ils ont fait neuf ans de bail à Saint-Malo-de-Phily, chez un comte.

Pendant ce temps, une famille bretonne s'était installée par ici, à Razac d'Eymet, deux ans avant nous. Ils se sont retrouvés en Bretagne :

— Tu devrais venir avec moi. Il y a des propriétés à vendre tant que tu veux. Il y en a pas mal dans le coin.

Alors mon père est descendu et ils se sont décidés. Ils ont acheté en 31 à Eymet. Ce n'était pas tellement cher, enfin ce n'était pas cher, c'est toujours pareil, quand on a un peu...

Ici, les familles souvent avaient peu d'enfants donc il y avait des terres disponibles.

Les terres ici étaient moins chères qu'en Bretagne. Beaucoup de familles n'avaient qu'un enfant, deux maximum. Un enfant restait, un enfant ne restait pas. Il y avait des terres libres.

J'avais deux ans et demi quand on est partis et je me rappelle seulement être passé sur un pont, sur de l'eau et puis avoir vu une grosse maison, un gros château. J'avais toujours ça dans la tête et quand on est retournés en Bretagne avec ma sœur, on a été voir la ferme où j'étais né et vraiment je me rappelais. J'ai retrouvé le pont, la maison…

Mes parents n'ont pas tellement raconté leur voyage. Je crois qu'ils sont venus à deux. Ils avaient fait un convoi avec sept, huit vaches, deux chevaux, des outils, une charrette et les meubles. La ferme qu'ils prenaient, il devait y avoir trente ou quarante hectares, elle était grande. Ils avaient du personnel en ce temps-là. Deux femmes aidaient. Elles sont restées pendant peut-être un ou deux mois, et puis, elles sont reparties. Une s'occupait des enfants, une de mes sœurs la suivait partout. On était sept enfants. On est arrivés, les trois filles, le frère et moi et puis ici, il en est né deux. Voilà.

Ma belle-mère préférait s'occuper des champs donc elle avait cette personne qui se chargeait des enfants.

Ma mère était toujours dehors. Elle s'occupait des terres partout, elle travaillait comme un homme. Les filles, c'était la maison. Ma mère s'était mariée très jeune, à dix-huit ans. Pendant toute la guerre, le père est parti sept ans, elle a géré la ferme et puis quand il est revenu elle a continué. Le travail ne lui faisait pas peur.

Ils faisaient un peu de patates, un peu de betteraves, un peu de lait, un peu de cochons, du beurre... Comme ils faisaient là-bas. Ce n'était pas mirobolant. Surtout que c'était les années trente, la crise, et puis les années quarante…

Pour les pommes de terre, il fallait atteler le cheval et la petite carriole, les porter et les descendre dans les caves à Eymet.

Surtout pendant la guerre.

À vendre chez les gens comme ça, c'était un peu du porte-à-porte.

Après, on l'a fait tous les deux.

Ses parents faisaient le beurre parce que le laitier ne passait pas.

Ah non, il n'y avait pas de laitier.

Ça permettait d'avoir le petit lait pour les cochons.

Tout le monde faisait comme ça. Le beurre, ils le vendaient au marché à Eymet.

C'était des plaques, de jolies plaques avec des petites dentelles, une petite fleur au fond, par 250 g. C'était vendu comme ça.

Les gens achetaient au marché, vendaient, d'autres portaient des poulets. Le beurre, ici, ce n'était pas connu. Ils commençaient à en manger un petit peu. Nous, on en mangeait beaucoup. Tous les jours, tous les jours, tous les jours, du pain-beurre, comme on disait. Ça, pour ça, elle faisait du bon beurre la mère. C'était bon ! Surtout, il y avait des périodes : au printemps un petit goût de noisettes ; à chaque herbe, à chaque saison, un beurre différent. Du beurre qu'on ne retrouve plus. Ce que j'aimais moi, c'était le lait baratté avec des châtaignes, le petit lait du beurre avec des châtaignes. Si tu n'étais pas Breton, ça ne passait pas.

Quand les Belges sont descendus pendant la guerre, le beurre a commencé à se faire connaître un petit peu dans les campagnes. Le Nord, les Belges connaissaient le beurre. Nous, on est arrivés à l'exode en 40 et après on est resté. Mon père était remonté un peu, voir pour un travail, et nous pour récupérer ce qui n'avait pas été volé. On est restés ici après. Mon grand-père était d'origine belge. Il est descendu en 27, 28, de l'Aisne parce qu'il voulait être propriétaire. Mon père était de Calais et maman était belge, de Namur. Quand on est allés dans sa famille, j'ai goûté la galette de blé noir.

J'allais à l'école à Eymet, je ne suis pas sorti de là. J'ai arrêté à treize ans. L'été, il y avait le foin, après les battages et puis on suivait. Je n'aimais pas aller à l'école. Déjà c'était mieux, il n'y avait pas besoin de me prier. Je menais les chevaux. J'aimais bien ça. Au départ, il n'y en avait que deux ou trois mais après on avait des juments poulinières, on en avait quatre, cinq, six. On travaillait avec les chevaux, les chevaux de trait. Il fallait les dresser.

Même moi, j'ai eu droit au cheval, le dernier, Oscar. C'était un cheval de trait Breton. Il était beau, il était feignant, il était gentil. Il s'arrêtait au milieu du sillon "Allez hue Oscar !"

On ne parlait pas breton, ça faisait une différence, alors on était un peu à part. À Cadelech, les Pardons réunissaient un peu tous les Bretons. Il y avait énormément de monde. Les jeunes se retrouvaient là tous ensemble. Ces Pardons duraient une journée entière. Il y avait la messe, des animations, le pique-nique. L'après-midi, c'était la procession avec la Vierge et puis on finissait la soirée avec des jeux. Certains avaient un harmonica ou un accordéon, on faisait de la musique. D'autres nous apprenaient les danses bretonnes, enfin c'était vraiment très animé. Tous les ans, les Bretons se retrouvaient à Cadelech pour cette fête-là. Mais il n'y avait pas seulement les Bretons, les copains, les copines nous accompagnaient.

Le 26 juillet, c'était la Sainte-Anne, la fête de la paroisse. Alors il y avait toujours une fête bretonne avec bannières en tête. À Eymet, on faisait une messe spéciale pour les Bretons.

Les premiers arrivés se sont bien intégrés, ceux qui sont arrivés trop massivement sont restés d'abord un peu entre eux. Cela faisait du monde quand même et alors ils se rassemblaient. Ils se voyaient entre eux.

Mes parents s'étaient bien acclimatés. Les filles travaillaient, tout le monde travaillait. Il y avait de la vigne partout. Aussitôt on s'est mis à faire du vin. En ce temps là, on faisait tout, on se nourrissait à la ferme.

Quand la famille de Bretagne venait, la promenade c'était d'aller montrer la vigne. Dix malheureux rangs mais c'était cette vigne. Là-bas il n'y en avait pas sans doute.

J'étais camarade avec ses sœurs. On a attendu trois ans avant de se marier. Il avait vingt-six ans et moi vingt-trois. Mon beau-père était mort et ma belle-mère était chez une de ses filles quand on s'est installés. Si on m'avait dit que j'irais travailler dans une ferme, j'aurais dit : « Non, mais ça va pas ! »

Bon, j'ai travaillé à la ferme et je me suis investie aussi à l'extérieur sur le plan départemental, cantonal, dans des groupements agricoles. On avait encore les chevaux. Ici, on travaillait plutôt avec les vaches. Et puis on a continué à faire du beurre quelque temps, le beurre et les pommes de terre. C'est moi qui faisais le beurre. Il y avait un moule avec une vache et un autre avec une fleur. On écrémait le lait puis on mettait ça dans des pots en grès. On le faisait deux fois par semaine et puis après que j'te tourne, que j'te tourne. S'il faisait tempéré cela allait très bien. S'il faisait froid ou s'il faisait trop chaud alors là ce n'était pas facile. Après il fallait tout laver plusieurs fois à l'eau claire. Certains le voulaient un petit peu salé donc on mettait un peu de sel, d'autres le préféraient nature. On le mettait dans ces moules. Il y a une petite encoche là, donc on pouvait l'ouvrir et le mettre dans un papier sulfurisé.

Et puis, ils ont commencé à ramasser le lait. On en a fait un peu plus.

Au fur et à mesure que le troupeau laitier augmentait, on a arrêté le beurre. Après on a arrêté les cochons.

Je me sens d'ici. Il n'y a rien à faire, même quand on est dans un pays, la région où on est né c'est quand même un petit point d'appui.

Il n'y a pas eu de problème d'intégration.

Il y en a quelques-uns qui sont repartis quand même. Ce n'était pas évident pour tout le monde. Je me rappelle d'une famille, ils venaient à l'école à Eymet, ils devaient avoir cinq ou six kilomètres à faire à pied, matin et soir, dans la boue. Ils étaient arrivés en 24, ils sont repartis. Et il y en a eu d'autres.

C'est rare ceux qui sont repartis.

S'ils sont repartis, c'est parce que ça ne marchait pas. Il y avait quand même des emprunts. S'ils n'arrivaient pas à payer, il fallait revendre et repartir.

À l'école il y avait des Bretons, il y avait des Italiens, j'arrivais là aussi. Tout le monde était traité pareil, plutôt par le travail que par l'origine.

Mes parents n'étaient pas plus heureux ici que là-bas. On ne peut pas dire. Ils avaient laissé beaucoup de famille. On était les seuls à être descendus, les seuls. Ma mère avait deux frères et trois sœurs. Un de ses frères s'était marié après la guerre de 14, il avait fait la guerre et puis, il avait trouvé, dans les Vosges, une femme qui était veuve de guerre. Il est resté là bas, dans le coin, il a remplacé son mari. Je ne l'ai pas connu cet oncle-là, il est mort assez jeune.

Mon père était le plus jeune de six. Deux ont été tués dès le début, dans les deux premiers mois de la guerre et un autre a été blessé au pied mais il marchait bien quand même.

Mes parents remontaient en Bretagne deux fois par an. Ils prenaient le train. En ce temps-là, il y avait toujours du monde pour la ferme.

Il fallait s'accrocher quand même. Ce n'était pas pareil.

Mais enfin il fallait vivre... il fallait vivre.

J'étais un petit peu de partout et de nulle part, alors une famille bretonne ou une autre, je me suis adaptée.

J'ai peut-être donné un peu mes habitudes, moi aussi.

De Saint-Michel-en-Grève – Côtes d'Armor - en 1933 à Saint Nazaire de Lauzun – Lot-et-Garonne.

J'avais huit ans quand je suis venue dans le sud-ouest et je me souviens très bien de mon déménagement, c'était en 33.

Mon père avait une propriété là-bas, un vieux manoir, et comme il a fait beaucoup d'enfants, dix, le manoir est devenu un peu rétréci. Quand sa mère est morte, il voulait aller au Canada mais il avait une fille tuberculeuse et une famille trop nombreuse. Au lieu d'aller dans l'Alberta où on aurait eu froid, il est venu dans le sud-ouest.

Pour ma mère ça a été un drame de quitter la Bretagne.

Pas pour mon père. Il avait fait la guerre de 14, il en avait vu d'autres. En Bretagne, il était officier d'armée alors ce qui l'attendait, c'était la Pologne. Il a préféré renoncer à la carrière de militaire. Son frère venait de mourir. Il n'y avait plus que lui pour reprendre les fermes. Il avait des problèmes tout le temps avec la politique en Bretagne, alors il était bien content de s'en éloigner aussi.

Il s'était même présenté à la députation. Je suis d'une famille de maires, de conseillers généraux et ça date de la révolution française. Mon père avait échoué à la députation. Dans ces cas-là, on fait une croix, on entoure ça de paille et on le brûle sur la charrette, comme on fait en Bretagne. Je l'ai vu brûler sur un tombereau, peu de temps avant qu'on parte, oui je l'ai vu brûler. Je rentrais de l'école et il y avait cette croix qui brûlait :

— On brûle ton père !

Je ne comprenais pas trop. J'avais peut-être sept ou huit ans mais c'est un évènement qui marque.

Mon grand-père maternel était maire et conseiller général, il a été maire presque jusqu'à sa mort. Ils se suivaient tous en rang d'oignons à la mairie, tous de la même famille. Il n'y avait que le deuxième prénom qui changeait. Ils n'avaient jamais quitté la commune, on ne voyageait pas comme maintenant.

Ici aussi, mon père était à la mairie mais il ne cherchait pas à être maire.

Pour ma mère, oui, ah ! Oui c'était difficile.

Son père venait de mourir, sa mère était morte quand elle avait dix, onze ans, son frère était mort. Il lui restait une sœur et son grand-père. Et puis, ma sœur était très malade. En Bretagne, c'était quand même un problème compliqué la tuberculose. Toutes les familles étaient atteintes et il n'y avait aucun traitement. On en mourrait, c'était une maladie un peu honteuse. On ne se vantait pas d'avoir un enfant tuberculeux, c'était difficile.

Ma mère n'était pas faite pour partir de Bretagne. Comme beaucoup de femmes, elle lâchait tout, sa famille et ses amis. Elle avait peur de cette aventure-là. Elle devait avoir dans les trente-cinq ans et elle portait la coiffe. Arrivée en gare de Marmande, mon père lui dit :

— Enlève ta coiffe, ici c'est pas ça qu'on porte.

Pour ma mère, c'était un drame de quitter sa coiffe et puis elle débarquait dans un pays inconnu. Ça n'a pas été facile pour elle et puis elle s'est adaptée.

Je me rappelle très bien de notre voyage parce qu'il était très pittoresque. On a déménagé toute la ferme, les vaches, les cochons, les chevaux. Le chien s'est fait écraser, malheureusement, avant le départ avec tout le manège des camions. Automatiquement, il nous a fallu une bonne partie d'un wagon.

On a débarqué à Falgueyrat avec le train. À l'époque, ça avait duré deux jours. Mon frère avait huit, neuf mois et des biberons l'attendaient dans les gares. On nous appelait, je me rappelle alors, quelqu'un y allait. À certaines gares, il fallait nourrir les bêtes parce que le train s'arrêtait souvent à l'époque. On était dix enfants plus mes parents, plus la personne qui nous accompagnait, un ouvrier. On a voulu le faire rester mais il n'a pas voulu, ce que j'ai bien regretté d'ailleurs parce que je m'étais attachée à lui. Il s'appelait Albert.

On est arrivés à Falgueyrat et on a embarqué une autre famille bretonne avec beaucoup de filles, de fils, leur nom m'échappe. On a fait le voyage dans le coffre arrière de la voiture d'un monsieur. On nous avait entassés tous les mômes là-dedans et on ne pouvait pas baisser le capot naturellement. Nous sommes allés à Saint-Nazaire de Lauzun. Il y avait une maison avec un toit en ardoises qui était très grande. On a débarqué à l'entrée de l'hiver, les chambres étaient immenses.

On a passé toute une nuit sur le sol, c'est le cas de le dire, avec une couverture. On nous y avait installés, nous les enfants. Le lendemain on a commencé à aller à la découverte.

J'ai trouvé beau. On a découvert surtout des grands prés, ce qu'on ne connaissait pas en Bretagne. On pouvait aller loin, c'était à nous, presque cinquante hectares. Et puis il y avait des mares qu'il n'y avait pas en Bretagne. Le propriétaire du domaine, c'était un Belge. Il est reparti en Belgique et les métayers de l'autre maison sont tous partis. Mon père voulait la démolir, moi je la trouvais plus jolie que l'autre.

Je me souviens qu'il y avait beaucoup de vieux instruments qui traînaient. On les a accaparés pour jouer. Des vieilles charrettes qu'on ne connaissait pas, des vieilles charrues. Et puis il y avait cette curiosité, ce truc à trous, parce qu'en Bretagne les vaches ont à manger devant et là, il y avait une barrière, on n'avait jamais vu ça.

On a commencé à aller au catéchisme puis à l'école. À l'école, je n'ai rien fait parce que naturellement il y avait beaucoup, beaucoup d'enfants. Cinquante-deux élèves alors il s'occupait de quelques-uns, des meilleurs, et les autres, ma foi… Je n'ai rien appris. On a fait comme tous les gosses, on ne nous a pas appris plus qu'à l'école laïque dans cette école là.

Alors, les grands nous ont accaparés pour le boulot. Ma sœur aînée était à la cuisine avec ma mère. On avait un travail bien précis. Moi, je suis tombée sur la porcherie donc automatiquement je ne m'y plaisais pas.

Et puis en fin de compte, je me suis adaptée. La porcherie était tranquille, il y avait une chaudière devant laquelle je me chauffais copieusement pendant l'hiver pendant que les autres grelottaient ailleurs. C'était le bon côté mais à part ça, bon, c'était la porcherie.

J'ai fait le beurre aussi et j'ai fait marcher la machine à coudre parce que la machine à coudre personne ne s'en servait. Moi, je m'y suis mise pour faire mes coutures, ça me plaisait. J'ai appris en regardant les autres. On voit qu'alors donc, j'ai accaparé la machine à coudre.

J'ai grandi là jusqu'à l'âge de onze ans.

Après, mes parents m'ont ramenée un temps en Bretagne chez ma tante pour ce fameux Certificat d'Études. Alors là j'ai récupéré tout le temps perdu. J'ai passé ce certif, on m'avait promis un pot de confiture et la chose la plus pressée que j'ai faite en arrivant dans le patelin, a été de courir chercher le pot de confiture. C'était pour moi merveilleux d'aller chercher un pot de confiture.

Mon père était un personnage quand même un peu hors du commun, on l'appelait le patriarche. Il était très instruit, autodidacte mais très instruit. Ma mère était allée à l'école jusqu'à l'âge de dix-huit ans mais elle était discrète, calme. Avec son mari, elle n'avait pas beaucoup la parole. C'était comme les hommes de l'époque : le chef au bout de la table, les enfants sur le côté, et les ouvriers.

On a mené la vie d'ici. On a ramassé les pruneaux, il y en avait sur la propriété. On se régalait des prunes. On s'est mis à faire les pruneaux parce qu'il y avait tout le matériel.

Mon père avait ramené, je me rappelle, ce qu'il fallait pour faire la culture du lin. Le lin avait très bien réussi mais les tiges étaient trop dures parce qu'il faisait trop chaud. Il était très beau mais dur, disons qu'il était difficile à vendre, vu la qualité qu'il faut pour filer. On avait entraîné des Gascons à faire du lin, c'est le seul lin qu'on a cultivé ici. Puis, il avait installé, ce qui avait mis ma mère en colère, le matériel pour tisser. Ma mère était furieuse :

— Qu'est-ce que tu veux faire, on a bien assez de travail comme cela !

C'est vrai, c'est un travail de tisser le lin ! Mais le fil s'est révélé invendable, donc, le lin une fois travaillé, n'attirait pas le client.

Des chevaux ici, il n'y en avait pas. Nous, on est arrivés avec nos chevaux, les tracteurs ont suivi. On a eu le premier tracteur, les Gascons n'avaient jamais vu ça. On avait des vaches, des garonnaises. On a commencé à faire « ani » nous aussi, ça veut dire « avance », mais mon père s'est vite lassé de faire « ani ». Les Gascons regardaient un peu le cheval comme une bête curieuse. Je le conduisais dans les vignes parce qu'on ne mettait pas le tracteur dans la vigne. C'était le cheval et les mains d'homme. Dans les champs, c'était le tracteur et les chevaux aussi, on labourait aussi avec. On allait aux champs donc. Tout ce qu'il y avait à faire, on le faisait comme tout le monde, la vigne, les pruneaux, le blé, les vaches.

Et puis on a démarré nos vies. Trop tard, pour la raison bien simple qu'on ne nous apprenait pas un métier, vraiment un métier. Je n'avais aucune confiance en moi et mon père me répétait toujours :

— Tu n'arriveras à rien du tout toi.

À l'époque il me disait ça, alors ça me coupait les bras et les jambes. Puisque je n'y arriverai pas, ce n'est pas la peine que j'essaie, c'était ma mentalité. Il ne faut jamais dire ça aux enfants.

Ma mère, elle laissait couler. Elle a eu des enfants mais elle n'était pas faite pour avoir tant d'enfants. Et puis ma sœur était malade, elle avait sept ans et la tuberculose. On la soignait à domicile. Il n'y avait pas comme maintenant les sanatoriums. On a été très bien accueilli à cause de ma sœur. Les gens du pays ont été très gentils quand ils ont su qu'il y avait une jeune malade parce que, eux, ils avaient un fils unique, c'était la mode. Ils étaient très proches, ils lui apportaient des fleurs, des fruits, ils se sentaient concernés par cette gamine qui est morte à seize ans.

Moi, je me suis mêlée aux Gascons. J'allais au marché le samedi à Lauzun. Je me mettais au milieu, c'était mon tempérament, et j'écoutais les conversations. Ils parlaient en patois, et j'étais arrivée à bien comprendre et à leur répondre en patois. J'écoutais et c'était tout naturel pour moi.

Quand on est arrivés ici, il n'y avait pas l'électricité. C'est venu pendant la guerre. Comme un pylône passait dans notre champ, c'est mon frère qui avait, à quinze ans, la responsabilité de s'occuper du pylône. C'est lui qui a installé l'électricité dans la ferme, il était doué mon frère aîné.

Maman partait en Bretagne voir sa sœur, mon père la laissait y aller une fois par an. Ici, elle avait adopté le foulard. À l'époque ça se portait comme ça et puis elle avait un chapeau quand on était invités aux mariages de Saint Nazaire, pas que ceux des Bretons. On allait à tous les enterrements, tous les mariages. Il n'y avait guère que nous comme Bretons à proximité. Il y avait une famille nombreuse de Normands, des familles italiennes aussi.

On faisait le pèlerinage de Cadelech. C'est l'abbé Mévellec qui a fait ça, un peu de Bretagne, un peu du Finistère ici. Il venait de temps en temps dans la famille alors je ne l'ai pas oublié l'abbé Mévellec.

Il nous donnait des images que je mettais pieusement dans mon livre de messe. C'était les Bretons, mon père entre autres, qui organisaient le pèlerinage. Je n'ai pas aimé les prêtres en Bretagne. Ils étaient trop dominants et ils parlaient toujours de l'enfer, on était toujours condamnés au moindre péché. Ici, c'était bon enfant, l'abbé était charmant, un jeune homme bien physiquement. À Cadelech, on faisait la procession, un goûter, les vêpres et l'après-midi, c'était la fête. Il y avait une kermesse, il y avait beaucoup de monde.

Il y avait aussi l'école familiale, l'école de Lauzun. Elle a été créée par les Bretons et l'abbé Granereau en 1937. C'était l'école familiale rurale, d'où sont venues les écoles par alternance. C'est une idée que les Bretons se disaient pendant la guerre :

— Nos enfants n'ont pas d'école donc on va faire une école à nos enfants.

Ils avaient besoin de nous pour faire le travail à domicile mais il fallait quand même qu'on apprenne quelque chose. Les enfants étaient moitié à l'école, moitié au travail, d'où est venue une très, très bonne idée, ça continue toujours, les écoles professionnelles. Pour le travail, chacun repartait dans sa famille, on n'allait pas dans les autres familles. J'y suis allée dans cette école, j'y ai appris. La directrice s'était installée chez nous avec sa famille pendant la guerre, au moment de la débâcle. L'abbé Granereau nous les avait amenés. On leur avait donné les chambres qu'il fallait, on pouvait le faire. Ils ont passé trois ans chez nous et après, elle a dirigé l'école. À la pension, on mangeait des topinambours. Je ne me rappelle pas tellement, je préférais être chez moi, enfin j'y pensais pas quoi, c'était un passage.

Ma première robe neuve, je l'ai eue à dix-huit ans, j'étais fière. On avait fait une fête bretonne à Tonneins, à Villeneuve aussi. Avec la J.A.C., on faisait des défilés en ville et là, j'ai étrenné ma robe. J'étais contente d'avoir une robe neuve, mais je la trouvais un peu longue quand même, elle était fleurie.

Ils écrivaient beaucoup à l'époque. Mon père s'était même mis à la machine à écrire. Il passait beaucoup de temps au bureau. Il donnait ses ordres de son bureau.

Maman ne sortait pas de la maison, elle allait à Cadelech mais à part ça elle ne sortait pas beaucoup. Ma mère faisait son train-train, mon père y était habitué, c'était lui l'autorité. Elle n'a jamais su monter en vélo.

C'est mon père qui faisait les courses, ma mère accueillait les gens que mon père ramenait souvent. Elle faisait les repas, la cuisine bretonne. Elle a toujours fait les crêpes, les bouillies. Je faisais la bouillie parce que j'étais très gourmande. C'était bon la bouillie, on la faisait au sarrasin mais on la faisait de blé blanc aussi. J'adorais faire ça. Sinon, je ne sais pas faire la cuisine, je n'ai pas appris, j'ai attendu l'âge de vingt ans pour faire cuire un œuf.

Ma sœur a fait le métier de cuisinière, elle a travaillé là-dedans. Elle a même fait sept ans au Cameroun chez les lépreux. Quand il a fallu prononcer les vœux définitifs, elle ne l'a pas fait. Elle est revenue en France.

À trente ans, à chaque fois que j'ai proposé quelque chose à mon père :

— Tu vois j'ai vu ça sur le journal, je veux aller plier des parachutes à Montauban.

— Ah non, tu n'iras pas, c'est ta sœur qui ira, elle a son diplôme.

Elle avait un diplôme de sténodactylo, ce n'était pas si difficile que ça. À chaque fois :

— Non, tu ne partiras pas.

C'était désespérant, je ne pouvais rien faire, je n'avais pas confiance en moi. C'était quand même dramatique. J'ai mis une annonce sur le courrier français. La baronne d'un château à côté de Bergerac m'a répondu.

— C'est à côté, tu vois tu ne me perdras pas.

Et je suis partie trois ans au château et après, j'ai fait une bonne tuberculose à mon tour. Il avait fait un hiver très froid, ce devait être en 56. Il n'y avait même pas de chauffage dans ma chambre. Elle était au-dessus d'un porche, j'étais congelée là-dedans. J'ai fait une bonne tuberculose.

Après, ils voulaient me reprendre mais moi je n'ai pas voulu, c'était vraiment trop dur. J'étais femme de chambre mais on ne me commandait pas, j'étais habituée à travailler, là ou ailleurs. J'ai appris à servir à table, comme on sert chez les nobles. C'est une technique qui m'a fait bien rire au départ. J'ai trouvé ça vraiment drôle. On sert Madame, la plus importante d'abord. On est souvent à faire des chassés-croisés à table. Le maître, on le sert le dernier. Comme les trois quarts du temps je l'oubliais, il avait une petite voix et il me disait :

— Vous m'avez oublié...

Mes frères se sont mariés, deux de mes sœurs aussi.

Je ne me suis pas mariée. Mon premier amour a été tué à la guerre. La première fois que je l'ai vu, il s'était engagé dans l'armée de de Lattre de Tassigny, c'est là qu'il s'est fait tuer. J'avais seize ans. Après, j'ai traîné la maladie longtemps.

J'ai fait le métier d'infirmière parce que ça s'est trouvé en cours de route. Ça aussi, comme une aventure. Je suis rentrée en sanatorium, on nous faisait cours. On m'a demandé de passer le concours d'entrée de l'école d'infirmières. Moi, Oh non, non ! Je sais que je fuyais. Au fur et à mesure qu'elle me le demandait, je reculais, je reculais et puis, bon je veux bien essayer, je ne réussirai pas. Je l'ai réussi, je me suis trouvée à l'école d'infirmières. C'était pour moi impossible de faire ce métier-là. Comment voulez-vous que j'étudie, moi, avec mon Certificat d'Études ?

À mon retour du sanatorium, je me suis retrouvée sans travail puisque j'avais renoncé à aller au château. J'ai essayé pas mal de choses dans le coin, St Nazaire, Lauzun, ça ne me plaisait pas du tout. Alors ma sœur m'a entraînée à Paris. J'ai travaillé dans une maison. Je n'ai pas dit que moi, la cuisinière, je n'étais pas vraiment cuisinière. Je faisais la cuisine pour une personne âgée de quatre-vingts ans, une ancienne princesse russe qui avait du être très jolie d'ailleurs. Elle accueillait, pour des petits goûters, des dames de son âge.

J'ai fait vingt-trois ans à Paris, deux retours au sanatorium et l'école d'infirmière.

Ça a été pour moi trois vies, cassées net, imprévues.

Travailler dans les maisons bourgeoises, ça me plaisait mieux que la ferme. Mes cours m'ont menée à Montpellier puis à nouveau à Paris où je suis restée pour le restant de ma carrière. Après je me suis installée à Sainte-Foy dix-sept ou dix-huit ans. Ensuite, je suis venue à Eymet et maintenant je suis en boîte.

Voilà, c'est ma vie tout ça.

J'en ai des souvenirs de la Bretagne. J'y suis retournée régulièrement.

Des souvenirs avec mon père, le premier ours que j'ai vu, sa première voiture, le premier avion sur la plage… L'écrivain, Anatole Le Braz, c'était un copain à mon grand-père, il était de Ploumilliau.

Quand j'avais neuf, dix ans, j'ai lu « Les légendes de la mort ». C'est le premier livre que j'ai lu. J'avais peur de monter les escaliers chez moi !

On ne s'embrasse pas en Bretagne. Chez nous on ne s'embrassait pas. Le premier de l'an, mon père attendait dans son lit royalement que toute sa sainte ribambelle d'enfants passe lui souhaiter la bonne année et il nous embrassait ce jour-là. Maman non plus, elle ne demandait pas.

Ma mère a eu dix enfants qui se suivaient, année par année, un tous les ans, c'est bien simple. C'est pour ça qu'on est vieux tous ensemble.

La plupart ici n'ont pas quitté leurs fermes et les Bretons se sont dispersés. Les parents étaient très proches, les autres ne se connaissent plus. On s'est mariés entre Italiens, Bretons, Gascons, on a fait la nouvelle Gascogne.

Moi je me sens toujours Bretonne.

Je dis toujours à tout le monde que je suis Bretonne. Je pense toujours que je suis Bretonne. Je dis toujours Bretonne, Française après.

Les Bretons vus de Razac d'Eymet – Dordogne

Je ne suis pas d'origine bretonne. Je suis né ici, mes parents sont de Saint-Aubin.

Mon père était métayer. Mon grand-père était né à Serres, son père y avait acheté quatre bouts de terre. Ils avaient essayé d'en vivre mais ils étaient revenus métayers à Saint-Aubin. Je suis là depuis 77 ans.

Il y a eu plusieurs vagues d'arrivées mais toutes après la guerre de 14. Des Italiens comme des Bretons, il suffisait qu'il en vienne un et ça amenait les autres. Ils faisaient l'agriculture. Tous ces Bretons, ils reprenaient des fermes où il n'y avait plus personne. C'était la guerre de 14 ou autre chose…

À l'époque, les vieux regardaient de près : deux voisins, les fermes se touchaient, marier le fils avec la fille mais le fils mourait et suite à ça les Bretons arrivaient. Ils arrivaient en famille, souvent nombreux. En Bretagne, les terres étaient très chères par rapport à ici. Alors là-bas, ils vendaient quatre ou cinq hectares de très bonnes terres et ici, ils avaient vingt, vingt-cinq hectares. Ils prenaient les terres qu'ils trouvaient.

Pour eux, c'étaient le Pérou.

À l'époque, ça faisait du monde, là le long du Dropt.

Ils étaient tous fermiers dans le coin. Il y avait ces Bretons, ils étaient du Morbihan : Lucienne, Aimé et le Petit Milou. Ils sont repartis, je n'étais pas vieux, j'avais six ans. Je crois qu'ils sont repartis en 38 ou 39. Pour gagner sa vie ici, ce n'était pas commode. Il avait acheté une ferme mais il était surtout sabotier.

À l'époque il y avait la maison, la grange et quelques bêtes. Ils sont venus nous dire au revoir ici un dimanche, c'était quelque chose. Il y a quand même des moments qui vous frappent. Ils sont partis un peu par la force des choses, ils sont restés peut être dix ans.

C'était un peu l'invasion quand même, ils étaient nombreux.

Certains enfants étaient restés en Bretagne, les grands, mais ils étaient quand même sept, huit… Ça amenait du monde à l'époque, c'était des familles nombreuses, et puis quand les Alsaciens sont venus, en 39, ça débordait de partout. Après, il en est arrivé plus tard mais beaucoup d'enfants sont nés ici. Je crois qu'à l'époque, à l'école, on était plus de cinquante élèves. Ça marchait assez bien pour les Bretons, plus que pour les Italiens. Eux c'était toujours les macaronis.

Les gens acceptaient mieux les Bretons que les Italiens. Ils parlaient français. Mais suivant les coins, le Morbihan, ils avaient un accent bizarre, le Finistère, ils avaient un accent bizarre, des fois ils ne se comprenaient pas entre eux, surtout quand ils parlaient breton.

Les enfants parlaient français, ils comprenaient le breton mais ne le parlaient pas. Je connaissais un Breton, lui il avait la particularité de parler le breton, le français et le patois. À l'époque, le patois avait la vogue, moi je n'ai pas appris le patois mais ma sœur oui. Les Bretons, ils copiaient les voisins pour apprendre.

Ils ont amené les vaches laitières. Ici, il n'y avait pas beaucoup de races de vaches à lait. C'est pour ça, on disait les brettes, parce que c'était les Bretonnes, la race bretonne.

Les enfants, des fois ils apportaient du lait à l'école et ça sentait alors, ça sentait le lait.

Le lait, ça sent. Il y en a qui leur disait.

Nous, on buvait du vin, on l'apportait dans une petite fiole, des fioles à médicaments, mélangé avec de l'eau, quand on mangeait à l'école. Ils mangeaient à peu près comme nous mais c'était un peu différent. Le beurre on connaissait très peu.

Ils ont amené les vaches laitières et les chevaux. Chez certains, ça allait bien, c'était plat, les chevaux ça allait très bien. Mais ici dans nos talus, ça n'allait pas, ils faisaient dix mètres et puis ils s'arrêtaient. Après, ils ont été obligés de se mettre aux bœufs et ils trouvaient que c'était beaucoup plus lent. Certains se servaient des chevaux pour atteler, pour sulfater, parce que ça allait plus vite. Pour sarcler aussi, ça avançait. Mon père en avait peur et moi je n'étais pas habitué. Les gens avaient un cheval pour aller au marché, sinon le cheval était dans le pré avec les vaches. Un jour, ils sont venus chercher du foin avec la charrette et deux chevaux en ligne. Je trouvais ça joli mais j'avais un peu peur. La jument s'appelait Voltige, je ne sais pas pourquoi. Le premier, c'était un mâle, il s'appelait Lami.

Ils avaient aussi des barattes pour le beurre. Nous, on connaissait pas. Ils en vendaient un peu. Je me souviens que dans une ferme, ils avaient quelques laitières, ils faisaient donc du beurre et la fille aînée, elle portait du lait au bourg. Elle avait le bidon au guidon du vélo et le quart, la mesure ; ça se vendait au quart ou au demi.

Après est venue l'époque du ramassage du lait. Les coopératives se sont montées un peu plus tard, après la guerre. Avant, je ne sais pas ce qu'ils en faisaient… pour manger… À Eymet, il y avait un bonhomme avec une carriole et deux bidons et il portait le lait dans les maisons. Il était Italien.

Ici, on se ravitaillait bien un peu en lait quand même. On avait une vache mais ce n'était pas une laitière. Quand elle vêlait, il y avait bien un peu de lait. On se vendait un peu de lait entre voisins. Mais les Bretons, eux sont arrivés avec les vaches laitières.

Et puis, il a bien fallu qu'ils s'adaptent suivant les fermes qu'ils achetaient. La plupart se sont bien adaptés.

La période des battages, c'était l'occasion de se rencontrer et de bien faire boire un coup aux Bretons. Comme ils n'étaient pas du coin, on leur apprenait à boire. C'était bien quand on faisait prendre la cuite à un Breton.

Peu sont revenus en Bretagne, les enfants se sont mariés avec des gens du coin. Seule, une famille de Saint-Aubin, des gens qui n'avaient pas d'enfants, sont revenus en Bretagne.

À l'arrivée ici, certains étaient un peu plus aisés que les autres mais plusieurs sont morts de la tuberculose.

Dans une autre famille, les deux petits n'ont pas connu leur père ou très peu. Je ne sais pas comment elle a fait marcher sa propriété toute seule la pauvre. Et puis elle les a fait instruire aussi parce que tous les deux ils avaient été instituteurs. C'était mieux que nous parce que nous, il y avait les terres, il fallait travailler les terres.

À Cadelech, ils faisaient des fêtes parce que soi-disant c'était un nom un peu breton. J'avais entendu dire ça. Cadelech, c'était un fief breton. Ils faisaient des Pardons. Ils étaient très religieux, l'église avait une grande part dans les familles parce qu'ils étaient nombreux, ils en casaient un chez les pères ou au couvent.

Quand des Bretonnes se sont mariées, certaines avaient encore leurs habits traditionnels, les vieilles avaient leurs coiffes. Et oui, ça se suivait, les jeunes venaient et ils amenaient les vieux, et les vieux, ils avaient les traditions. À un mariage, l'un deux avait le chapeau avec les rubans, les deux rubans.

Après ça s'est croisé, un Breton, une femme du coin. Certains sont arrivés en cinquante et quelques, plus tard. Il y a eu plusieurs vagues.

Au début, c'est le fait de cette fameuse guerre de 14 qui a tout démoli.

En Bretagne aussi mais ils étaient plus nombreux.

Je viens de retrouver, il n'y a pas longtemps, un copain d'école, un Breton. On ne s'était pas vus depuis. Il avait atterri là en 44 parce que son père était communiste. Il était dans l'armée, il avait un peu déserté.

Et après, vers 47, 48, ils sont revenus en Bretagne.

Les Bretons, ils ont été bien acceptés quand ils sont arrivés.

De Ploumilliau – Côtes d'Armor - en 1933
à Saint Nazaire - Lot-et-Garonne.

Ma jeune belle-sœur était malade. Mes beaux-parents sont venus ici car ils étaient dans une région humide et ils se disaient que peut-être ça la soulagerait un peu. Là-bas, c'est très humide, il fait vent. Ma belle-sœur est décédée ici à seize ans de la tuberculose. On ne se soignait pas comme maintenant. J'ai eu deux belles-sœurs malades, une s'en est sortie. Ils sont arrivés à Saint-Nazaire. Mon mari avait un an.

Il est né à Ploumilliau. Ils sont arrivés en 33 des Côtes d'Armor.

Ils n'étaient pas les seuls à venir ici, il y en eut pas mal à cette époque. Ils ont eu dix enfants, mon mari était le dernier. L'aînée aurait quatre-vingt dix ans.

La propriété était grande, une quarantaine d'hectares. Mon beau-père avait des biens là-bas en Bretagne, il a vendu pour venir ici. Mon beau-père était un homme dynamique, ça ne lui faisait pas peur de changer de coin. Il était assez moderne pour l'époque. Ma belle-mère, elle a suivi parce qu'il fallait suivre. Elle ne s'est jamais plu ici. Elle disait que c'était un sacré pays au niveau climat, que les vaches, l'été, elles n'avaient pas de l'herbe comme là-bas. Alors elle se lamentait des fois pour nourrir le bétail. C'est beaucoup plus sec ici.

Elle ne parlait pas beaucoup ma belle-mère, alors que mon beau-père lui, il était content de parler de la Bretagne. Elle a mené comme ça une vie de recluse, elle était toujours chez elle. Elle recevait des Bretons, des amis, mais elle ne sortait pas beaucoup. Elle n'allait pas faire le marché. Elle allait à la messe à Saint-Nazaire. Les Bretons étaient croyants, davantage que nous. Ils avaient la voiture à cheval à cette époque. Ils venaient à Lauzun faire leurs courses. Seulement elle ne faisait pas de grandes sorties.

Ils avaient des vaches laitières, des cochons. Ils vendaient du beurre quand ils sont arrivés. Mes belles-sœurs le portaient à Lauzun. Ma belle-mère faisait les crêpes bretonnes et ma belle-sœur aussi.

Mon mari étant le plus jeune, il ne s'est pas embêté tant que ça pour s'adapter. Mes belles-sœurs et mes beaux-frères ont eu plus de mal. Ils pensaient qu'on ne les considérait pas comme des Français. Il fallait qu'ils s'inclinent. À cette époque, ils ne connaissaient pas les habitudes d'ici, ils ne connaissaient rien. Mais enfin bon, ils se sont adaptés.

Mon beau-frère était marié à une Bretonne. L'autre à une Italienne. Les Italiens et eux, ils se groupaient davantage qu'avec nous parce qu'ils disaient :

— Ils sont des étrangers comme nous.

Alors ils se mariaient entre eux. Les beaux-parents avaient des amis Bretons, ils se réunissaient, ça a fait des unions aussi.

J'ai rencontré mon mari dans une soirée mais à cette époque déjà, mes parents n'ont rien dit que je sorte avec un Breton. Si ça avait été avec un Italien, cela aurait été différent.

Les Italiens étaient mal vus par une majorité alors que les Bretons étaient considérés comme des Français, par mes parents et par la plupart des gens. Mais il paraît aussi qu'il y a des gens d'ici qui ne les ont pas pris pour des Français.

Mes beaux-parents parlaient bretons entre eux. Ils parlaient français quand nous étions là, mes parents et moi. C'est vrai qu'à cette époque, il y avait des clans. Les Bretons n'étaient pas isolés ici, ils étaient en groupe. Nous aussi on parlait notre patois et les Italiens parlaient italien. Alors quand on allait au marché, on avait toutes ces langues comme maintenant on a les Anglais. Autrefois, il y avait au moins trois langues qui se parlaient.

À l'école, du temps que j'y allais, les gens d'ici ne savaient pas parler français. Ils parlaient toujours le patois. Il y avait ceux qui parlaient breton, ceux qui parlaient patois et ceux qui parlaient italien. Ils ne se comprenaient pas bien, alors ils se groupaient entre eux.

Je me suis mariée en 59 à Saint-Colomb-de-Lauzun. Je suis née en 39.

On avait une petite ferme, quinze hectares peut-être. Quand on s'est mariés, mes beaux-parents ont pris la retraite. Ils sont allés à Eymet avec une de mes belles-sœurs et nous on a eu ça.

Quand je suis allée en Bretagne, dans ma belle famille, la première fois j'étais surprise parce qu'on pensait que la Bretagne était assez attardée. Ce n'était pas vrai, moi je l'ai vu. La Bretagne, au point de vue intérieur et tout, c'était beaucoup plus moderne, plus riche que chez nous. Dans les maisons, tout était propre, bien tenu. Les jardins, les maisons fleuries, c'était beau, c'était beau !

J'avais un an quand je suis arrivé et comme ils n'ont pas été très bavards… On n'en parlait pas nous autres de tout ça.

Mais avec mon frère aîné j'ai su quelque chose que jamais je n'avais entendu. Ils ont pris le train dans les Côtes du Nord à Ploumilliau. Ils dormaient avec les bestiaux. Ils avaient tout un train entier pour transporter le bétail ici, à la gare de Saint-Aubin. Ils sont venus avec plusieurs wagons. Mais ils avaient fait une mauvaise affaire de venir avec les vaches parce que la race bretonne ne s'adaptait pas bien au climat, un peu mais il n'y avait pas le rendement. Ça n'avait aucun rapport avec la garonnaise, la blonde d'Aquitaine.

Mon père était officier pendant la guerre de 14, il a été blessé plus d'une fois et il est venu se faire soigner à un hôpital militaire de Bordeaux. Il a découvert le climat de la région et comme ma sœur était atteinte de la tuberculose, ils sont venus. On avait là-bas un vieux manoir de famille. Les murs de granit, l'hiver, c'était très malsain. Elle est quand même décédée. Je m'en rappelle tout juste.

Je ne suis pas de la même génération que mes frères et sœurs aînés. Il y avait onze ans d'écart entre l'aînée et moi. Je suis le dernier.

Ils étaient habitués à la Bretagne, ils parlaient le breton et nous autres on parlait français parce que nos parents nous parlaient français.

Il y a eu une coupure.

À l'époque, on allait au marché à Lauzun. Il y avait les Gascons, un regroupement de Bretons là, un regroupement d'Italiens là, chacun parlait son dialecte et personne ne se comprenait. Alors pour savoir le prix d'une vache, c'était compliqué ! ÇA m'a marqué !

Je me suis marié avec une fille du pays. Ils parlaient patois, alors j'ai dit :

— Ici on parle français !

Le beau-père n'a plus jamais parlé patois. Un voisin arrivait, il commençait à parler patois. Ah ! Il disait, ici on parle français ! À l'école, il y avait les Bretons, d'un côté, les Italiens de l'autre et les gens du pays de l'autre.

Mon père allait en Bretagne pour acheter des chevaux. Mon père, il innovait. Ma mère n'est pas remontée souvent, elle y est allée pour la mort de ses parents. Elle ne sortait pas. Je l'ai toujours vue habillée en noir. Elle portait toujours le deuil de sa fille aînée, elle ne sortait pas. C'était une femme menue, elle ne faisait pas beaucoup de bruit. C'est les filles qui faisaient les courses.

J'avais une sœur, la troisième, elle a vécu presque tout le temps en Bretagne, parce qu'elle est restée chez ma tante. Elle venait des fois en vacances ici. Après ses études, elle s'est engagée dans l'armée, elle est allée en Indochine. Elle était à Hanoï quand il y a eu les bombardements, elle a été décorée par De Gaulle à l'Élysée. Elle a fait sa carrière militaire, puis elle s'est installée ici. Et maintenant elle ne se plaît pas beaucoup en maison de retraite, elle qui était si indépendante.

Je n'ai pas à me plaindre de ma jeunesse, je faisais à peu près ce que je voulais. On était tellement nombreux. Je me trouvais mieux dehors à galoper que d'être à la maison. J'étais sauvage.

Je suis allé à l'école à Eymet. Au bord du Dropt, il y avait l'école libre.

Des fois, on mettait un bateau dans l'école ! Le Dropt ne montait pas jusqu'à l'école mais le Tibre débordait, ça arrivait jusque-là. L'eau passait sous la porte d'entrée, dans le couloir et ça rejoignait le Dropt. Quant ils ont fait le petit lac, ça n'a plus débordé. Je suis toujours allé en école libre. Après j'étais à Marmande chez les Jésuites.

Maman faisait des crêpes avec du sarrasin. Ils cultivaient un peu de blé noir pour eux. Elle faisait aussi la bouillie dans une marmite en fonte, sans fond plat. Elle la mettait sur un trépied. Il fallait toujours la remuer avec un bâton. On se régalait, on avait des cuillères en bois, chacun se servait au coin du feu quand il faisait bien froid. On mangeait aussi du beurre salé, ici il n'y en avait pas. Il était rouge, tellement il était salé. Ils allaient vendre les foies de canard à Marmande.

On a eu le courant en 39 à Saint-Nazaire. Les gens du coin n'en voulaient pas, ça coûtait cher, ils avaient peur de s'électrocuter :

— Oh mettez-moi qu'une petite ampoule…

Ils avaient peur de dépenser trop. Ils s'éclairaient à la bougie. Alors ils n'ont pas tiré de lignes puissantes. À Saint-Nazaire, on a vu les voisins et on a eu le transformateur entre les deux. Nous autres, on avait beaucoup de courant et après tout le monde s'y est mis.

Mon père, il avait tendance à faire les mariages et lorsqu'un jour je lui ai dit que je voulais me marier, il a dit, je ne m'en occupe plus ! Il s'en était occupé pour l'aîné. Ça se faisait comme ça, l'aîné prenait la ferme et les autres restaient pour aider. Ça se faisait beaucoup comme ça.

Deux de mes sœurs se sont mariées, les autres non, ce qui fait que la famille ne s'est pas bien agrandie. Le partage s'est fait sans heurt et au fur et à mesure, chacun a pris, moi j'arrivais le dernier. On a une armoire et la pendule qui venaient du manoir.

En Bretagne, avec ma femme, on est allés voir les Pardons parce que nous autres on y est souvent revenus en Bretagne. On est à peu près les seuls, c'est bizarre. On y allait presque tous les ans. J'aime bien la Bretagne et d'ailleurs je suis toujours Breton.

Mon frère, il n'y a pas si longtemps que ça, il m'a dit deux ou trois mots. Il n'y a pas longtemps qu'il m'a dit qu'ils avaient loué un train entier pour porter le matériel, les bestiaux et qu'il dormait dans le wagon avec les bestiaux. Il ne disait pas grand-chose non plus.

Je ne sais pas s'ils avaient tourné une page, je ne sais pas.

Alors moi, je suis pratiquement ignorant.

Des fois avec les cousins là-bas, on en parle.

Maintenant les parents sont morts et c'est nous les vieux.

Moi je dis, je suis Breton, ici il y a des secteurs qui sont beaux aussi mais j'ai toujours aimé l'eau, la mer.

Les Bretons vus de Eymet – Dordogne

Je suis né à Eymet, j'ai toujours habité ici. J'allais à l'école à Eymet, ça va faire 77 ans.

Mon père a vu arriver ces Bretons avec toutes leurs familles, leurs charrues, avec tout leur matériel, leurs gros chevaux de labour. Ce n'était pas de la région ça, ce n'était pas de la région.

Je me rappelle mon père me racontait quand elles sont arrivées à Eymet toutes ces familles-là. Il y avait des visages nouveaux, des filles nouvelles.

Ici il y avait des vaches. La vache servait à tout faire. Il n'y avait pas de chevaux à part quelques-uns qui avaient des chevaux légers avec des carrioles mais c'était très rare.

Certaines propriétés avaient beaucoup d'arbres, de bois. Ils en ont abattus beaucoup les Bretons pour faire des terres agricoles. Ils vendaient le bois parce qu'on se chauffait au bois. Et j'ai vu, je n'avais jamais vu, un attelage avec la grosse charrette avec le cheval de trait et un cheval de flèche devant. Je n'avais jamais vu ça. Il y avait deux chevaux au bout des brancards de la charrette avec deux anneaux avec des chaînes et le cheval de flèche, pour plus de force. Je me rappelle bien parce que dans les côtes ça montait, surtout qu'ils chargeaient beaucoup, le plus possible, avec le bois.

Je me rappelle quand ils livraient le bois, je me rappelle l'avoir vu plusieurs fois cet attelage avec deux chevaux. Ça, ça m'avait marqué. Ils venaient à Eymet livrer. Ils ont livré du bois longtemps parce qu'ils avaient acheté des forêts qui valaient moins cher que des terrains agricoles. Ils ont coupé les arbres, ils ont mis en culture et ils ont vendu le bois.

Je me suis fait expliquer par un Breton plus tard : les surfaces exploitées en Bretagne étaient très, très petites à force de diviser entre les enfants. Ce qui faisait que leurs terres valaient quand même assez cher. En plus il n’y en avait plus, alors en vendant sa part à son frère, un garçon venait ici avec un petit pécule. Il pouvait déjà acheter beaucoup plus de terre ici et il avait quand même son matériel. Ils n’étaient pas pauvres, pauvres comme étaient les Italiens.

Voilà pourquoi ils sont arrivés en gare d'Eymet avec le train et avec tout leur matériel, voilà.

C’était après la guerre de 14. Mon père était garçon-boucher.

Je me rappelle avoir vu deux fois des mémés avec la coiffe, j'étais tout gosse. C'était les plus vieilles parce qu’à partir du moment où ils sont arrivés là, les jeunes ménages et puis les enfants de ma génération, ne portaient plus de coiffe.

Ils n’étaient quand même pas si nombreux que ça, ça n’a pas été l'invasion, non, non.

Le train, il a fonctionné très peu de temps après 40. Je me rappelle l’avoir pris mais il a fonctionné très peu de temps parce qu'on a commencé à avoir des voitures. Après c'était fini, les cars Grenier faisaient les navettes, ils étaient moins chers et plus rapides.

La ligne Marmande Bergerac a été créée en 1875, fermée en 1953. Depuis Eymet, on allait de Marmande à Bergerac et on avait une ligne Eymet-Bordeaux par La Sauvetat. Ça se différenciait à la Sauvetat.

La ligne qui partait sur Saint-Aubin, elle allait jusqu'à Villeneuve-sur-Lot. Des Bretons sont arrivés à la gare de Saint-Aubin. Cette ligne a été ouverte en totalité en octobre 1930, construite en 1880. Il y avait deux liaisons quotidiennes par train léger omnibus : Castillonnés-Montauriol-Lougratte-Cancon-St-Pastour-Casseneuil-Villeneuve sur Lot.

C'était des gens vaillants, des bosseurs.

Ils ne sont pas venus gagner leur pain sur le dos des autres non, non. Ils ont bossé, ho la la ! D'autant plus qu'il n’y avait pas d'aide.

C'était des vaillants. Oh ! Oui, que ça soit les Bretons ou les Italiens, c'était des vaillants.

Souvenirs de Cadelech – Dordogne

Nous nous sommes installés à Cadelech en 1945. J'avais 13 ans.

Il y avait encore le petit train qui traversait la propriété. Il passait à mi-chemin entre le portail d'entrée et la maison deux ou trois fois par jour. À cause de la voie ferrée, l'accès à la chapelle était compliqué.

Mes plus proches voisins étaient à quatre cents mètres d'ici maximum. C'était des Bretons.

Le père était un personnage. Il avait deux filles et un fils. La plus jeune ne savait pas nager. Je ne sais plus comment ça s'est passé, je l'ai rencontrée et elle m'a dit :

— J'aimerais bien apprendre à nager.

Elle avait quatre ou cinq ans de plus que moi, je me suis offert comme professeur de natation. Elle faisait ses études à Bordeaux. Elle était cheftaine de louveteaux, elle avait l'habitude des jeunes garçons. Pendant l'été 46, nous sommes partis dans la carriole de son père et on écumait les fêtes votives de Falgueyrat, au bord du Dropt, celle de Saint-Aubin. Nous avons même dû aller jusqu'à Eymet et Eyrenville. Voilà, c'est là que j'ai fait mes premiers pas de danse.

Je me souviens, c'était mon premier contact avec la Bretagne en Dordogne.

Son père et ma mère avaient des liens de voisinage assez importants puisque nous avions des propriétés imbriquées. Nous avions gardé de notre exploitation viticole dans le midi du marc, nous faisions du marc de vin. Évidemment, il n'y avait pas de calvados ici et son père, avec un accent breton à couper au couteau, disait :

— Madame, c'est presque aussi bon que le calvados !

Il disait le poiré ou l'alcool de poire d'ailleurs, je ne sais plus quel mot il employait.

Il y avait beaucoup d'autres Bretons dans le coin.

Cela m'amène à mon deuxième souvenir, en 1946.

Les Bretons de la région, des deux côtés du Dropt en tout cas, avaient souhaité avoir dans la chapelle de Cadelech, le souvenir d'une région du Finistère dont ils venaient, le Folgoët. Ils ont fait faire une copie en chêne de Notre-Dame de Folgoët qui est toujours dans la chapelle. Ils sont venus demander à ma mère la permission de faire une procession à travers la propriété jusqu'à la chapelle. On nous a annoncé qu'il y avait l'évêque du Finistère, l'évêque de Périgueux, celui d'Agen, je crois qu'il y avait au moins trois évêques. Tout ce monde a défilé jusqu'à la chapelle. C'était assez impressionnant, parce que le défilé traversait les champs le long du Dropt.

Ils avaient décidé d'amener la statue de Notre-Dame de Folgoët sur une barque à fond plat, une vieille barque du Dropt, qui était lourde mais costaud, très stable. Ils ont proposé à ma mère de me prendre à bord, en tenue mariale. La barque venait du pont de Lauques, on a embarqué là-bas. Alors, tout en blanc, j'étais à l'avant, fier comme Artaban ! J'étais très impressionné par l'honneur qui m'était fait. La procession passait devant la maison, juste là.

Je me souviens de l'arrivée du bateau. Devant la maison, les gens étaient quatre ou cinq de front, cela faisait vraiment un long serpent ! Quand on est arrivés au petit débarcadère, ils ont emmené la Vierge. Elle était sur des tréteaux avec deux poignées devant, deux poignées derrière. Ils l'ont soulevée, c'était lourd. J'ai suivi le mouvement. Il y avait déjà plein de monde dans la chapelle, plein de monde dans le cimetière et il y avait encore des gens qui marchaient devant le château.

Il y avait beaucoup, beaucoup, beaucoup de monde, facilement mille personnes ! La chapelle était pleine, ils étaient tous répandus dans le cimetière.

Cette image est restée pour moi très vivante.

En réalité, je me souviens surtout d'une chose. Parmi les quatre hommes costauds qui portaient la Vierge, l'un était mon voisin, le seul que je connaissais d'ailleurs et l'idée d'être avec lui sur le bateau était vraiment quelque chose pour moi ! C'était un paysan peu loquace, il m'impressionnait beaucoup. Il y a eu une grande messe. Je ne me souviens plus très bien ensuite.

Ce vieux voisin sculptait des trucs dans des bouts de bois, en me racontant des histoires quand j'étais gosse. Avec sa grosse moustache jaune, il me faisait un peu peur...

Ce sont là tous mes souvenirs des Bretons.

De Guipronvel – Finistère - en 1947
à Saint-Jean-de-Duras - Lot-et-Garonne.

— Tu sais, là-bas, c'est le paradis.

Chez mon père ils étaient huit, il est venu seul. Mon frère aîné était venu passer quelques jours et il nous disait :

— Oh ! Vous verrez, y'a la route goudronnée…

En fait, c'était un chemin un peu empierré mais pas trop.

Ce n'était pas toujours le paradis.

Je suis arrivée en 1947, avec mes parents et quatre de mes frères. Un autre était resté en Bretagne parce que sa fiancée l'attendait. Un autre de mes frères était religieux mais après il s'en est sorti. Dans toutes les maisons, il y en avait qui allaient être religieux et qui s'en sortaient. Ils sont revenus en arrière si on peut dire et ils se sont mariés.

Je suis née à Guipronvel en 1934, dans le Finistère. C'est mon frère aîné et mon père qui sont venus voir avant. Ils avaient des amis qui étaient déjà installés et qui ont dit :

— Il faut venir, il faut venir.

Pourtant, mon père travaillait à l'arsenal à Brest, il avait une bonne situation.

Ce n'était pas la même vie entre la Bretagne et ici. Ici, le soleil et puis la façon de travailler. Là-bas, une petite ferme avec trois vaches, c'est ma mère qui s'en occupait. Là-bas, on ne travaillait pas la terre parce que nous on était trop jeunes. C'étaient les voisins qui venaient la travailler. Il y avait aussi des journaliers avec leurs chevaux et leur charrue mais nous on n'avait pas les moyens d'en avoir. Là-bas, j'ai gardé les trois vaches et on faisait les foins aussi.

Quand mon père travaillait à l'arsenal, il ramenait toujours son dessert à partager.

Je me rappelle des cerises… C'est le docteur qui m'a donné ma première orange parce que j'ai eu deux fois la diphtérie alors pour que je ne pleure pas pour la piqûre, il m'a donné une orange. La deuxième fois, j'étais comme morte. Il y avait un petit vieux dans la commune qui était vraiment mort, les cloches ont sonné et :

— Mon Dieu, elle est morte !

— Mais non elle n'est pas morte, ce n'est pas elle.

Ça, c'est la photo de la maison, je suis née là. Il y avait des lits clos tout autour quand on rentrait puisqu'il n'y avait qu'une pièce. Les sabots rangés devant, on grimpait sur le coffre pour monter dedans. Le berceau était même dans le lit chez nous, au pied, suspendu à l'intérieur. On était plusieurs dans les lits. On fermait la porte, on ne risquait pas de tomber ! Le lit faisait la cloison, le dos de l'armoire aussi, deux armoires côte à côte, une ouvrant d'un côté, l'autre de l'autre.

Mon père, on lui a monté un peu la tête.

Mais il n'y avait pas de travail pour nous, après, peut-être. Il n'y avait pas de travail pour tout le monde en Bretagne. On est venus l'année de mes treize ans.

Mon frère, celui qui était resté en Bretagne, nous avait accompagnés en train. Ils avaient tout emporté, les meubles, les animaux, tout… Mais pas les lits clos. Mon père avait acheté trois autres vaches pour partir, ce qui fait qu'ils sont arrivés avec cinq ou six vaches, je crois. À Bordeaux, ils sont restés longtemps. Les bêtes étaient dans des wagons à bestiaux, on ne les changeait pas. On est arrivés à la Sauvetat et puis après, à pied je crois, avec des charrettes, pour amener les vaches.

Je n'en ai pas tellement entendu parler de ce déménagement.

Nous, on est partis le lendemain de Bretagne, pour la première fois, avec mon frère aîné, sa femme et trois enfants qui étaient nés, ma mère, mes deux frères et moi.

C'était la première fois que je prenais le train. Le premier tunnel, je me suis affalée sur la personne qui était devant moi parce que je me rappelais bien de la guerre et je me suis dit : « Ça y est, c'est encore un autre... » Et puis ce n'était qu'un tunnel.

On est arrivés à Marmande. C'est un voisin qui est venu nous chercher. À Saint-Jean-de-Duras, on a quand même été bien reçus par les voisins. Ils avaient beaucoup de légumes et leurs légumes se trouvaient en descendant vers chez nous, alors ils nous disaient :

— Venez chercher des carottes !

On est arrivés au mois de septembre et on n'avait rien planté. La première année on n'avait rien.

— Venez chercher des choux, des poireaux !

Oh ça ! Ils ont été gentils.

On était pris un peu pour des étrangers mais dans notre coin, ils étaient sympas. Quand on est arrivés, il y avait beaucoup de ronces dans la propriété. Le chat avait la cage ouverte, il est parti, on ne l'a jamais retrouvé.

On allait à l'école à Saint-Jean-de-Duras. Moi j'y suis allée un mois et mes frères, les deux plus jeunes, une année. On partait avec les bottes, on les cachait et on mettait les chaussures quand on arrivait sur le chemin goudronné. À l'école, je n'ai pas appris grand-chose parce qu'en Bretagne, il y avait la guerre. Les Allemands étaient dans la cour avec leurs mitraillettes. On mangeait là et puis, chaque table lavait sa vaisselle dans une bassine. Il fallait aller jeter l'eau, moi je suis allée dans la cour. Oh la, la ! Qu'est-ce que je n'ai pas pris ! Un Allemand m'a montré qu'il y avait les toilettes pour jeter l'eau au fond de la cour. Et puis aussi, on jouait à colin-maillard avec le foulard sur les yeux, les Allemands étaient dans la classe et les autres m'ont poussée dans la classe. Oh la, la ! ÇA, c'est des trucs… J'avais neuf ou dix ans. On était à côté de Brest, les bombardements… Oh ! Les clochers et les maisons, qu'est-ce qu'ils ont pris là-bas !

À l'école, on nous avait appris les manœuvres, vite, vite, courir dans la tranchée. Et puis les étoiles, les balles traçantes qui brûlaient tout et qui faisaient des trous dans la terre en tombant. Ah oui, ça, on a eu la guerre, la guerre. La fin de la guerre, là, ça a été la fête.

Ça a dû faire comme une traînée de poudre.

Peut-être les cloches ont sonné et puis on a dit, ça y est c'est la fin de la guerre!

On nous a demandé, quand on est arrivés, si on n'avait pas eu du mal à passer la frontière ! On était vraiment pris pour des étrangers. Ils nous avaient bien monté le bourrichon parce que ma mère, elle avait une cinquantaine d'années, pour elle ça a été dur.

Mais elle voyait quand même qu'en Bretagne on n'aurait pas de travail alors qu'ici, il y avait du travail. Ça, ça a été dit. On a déménagé à Sainte-Eulalie en 1948.

Par période, on avait plus de beurre, alors que faire de ce beurre ? On en vendait déjà. On en vendait beaucoup mais il y en avait encore trop. Alors mon père et moi, on est partis à Marmande tous les deux. On est allés de Sainte-Eulalie à Eymet à vélo. On a pris le car Grenier sans doute et on est allés à Marmande. Là, on faisait du porte à porte, mon père portait le panier parce que c'était trop lourd pour moi, j'avais quinze ans à ce moment-là, et moi je parlais. Mon père parlait français mais c'était du breton, encore qu'il travaillait à l'arsenal et dans les bureaux, ils lui avaient appris le français, mais c'était moi qui parlais. On est arrivés en face de la gare de Marmande et puis on a fait tout le tour, tout le tour, tout le tour, tout le tour tellement bien que quand on est revenus là, on nous a dit :

— Mais vous êtes déjà passés ce matin !

Nous, on ne connaissait même pas les rues. C'était la première fois que j'allais à Marmande. Si, si, ils parlaient français chez nous. On allait à l'école, on parlait français. Je ne sais plus si on est revenus le samedi d'après, parce que c'était le jour du marché à Marmande. Pourtant qu'est-ce qu'il fallait faire de ce beurre ? Ce n'était pas du beurre qui se conservait comme maintenant.

Les fruits ici, ça se perdait par terre !

Personne ne nous proposait d'aller en ramasser et on se disait, quand même, tout ça qui se perd par terre ! Si on pouvait attraper une pêche en passant... Quand on allait chez le forgeron amener les vaches pour mettre des fers, on allait à Saint-Sulpice. Au bout des rangs de vigne, sur la terre blanche, toutes ces pêches par terre... Je n'ai pas osé aller leur demander, jamais !

Avec mes frères, j'avais tout à faire. Je les suivais toujours le jeudi pour dénicher les oiseaux, les pies… Il y avait l'oiseau qui faisait des trous dans l'arbre, le pivert, et comme j'avais la main plus fine qu'eux, ils disaient :

— Mets ton pied là, après tu montes sur mes épaules.

Et quand j'étais sur leurs épaules, j'étais à la hauteur du nid sans doute et ils me disaient en breton :

— Attrape la mère si tu peux, attrape-la, ne la laisse pas partir la vieille, celle qui couve.

Mes frères me parlaient aussi en breton, ça nous arrivait. Avec autant de garçons, je faisais tout comme les garçons !

Quand je gardais les vaches, je chantais et je sifflais. Je chantais les trucs à la mode à ce moment-là… Etoile des neiges… Mon mari n'était pas très loin, sans doute il m'entendait, mais ce n'était pas encore mon mari à l'époque. J'étais dehors, tout le temps dehors, garder les vaches, ce n'était pas trop dur, je tricotais des chaussettes. Jusqu'à vingt ans j'ai gardé les vaches. Pendant que ma mère tirait les vaches, on allait chacun à notre tour réciter nos prières ou nos leçons.

Mon plus beau souvenir, c'est la troupe. Il y avait le cinéma à Sainte-Eulalie tous les dimanches soirs. C'était tout un évènement pour nous d'y aller. Ça arrivait de toutes les maisons, ça venait de loin sur le chemin. On arrivait au bourg, on était vingt-cinq ou trente peut-être. Tout le long de la route, on en prenait d'autres. Mon futur mari se trouvait aussi dans l'équipe. C'était de beaux films.

Et puis, on faisait du théâtre à Sainte-Eulalie, tous les ans. Ça fonctionnait bien, il y avait du monde, c'était du bon temps.

Il y avait aussi les veillées. Quand on épanouillait le maïs, on ramassait le maïs avec la panouille, les feuilles et tout, et après l'hiver, on se mettait tous autour, il fallait enlever toutes les feuilles, garder toute la panouille avec le grain. On mangeait du gâteau à la citrouille, le millas.

En 1949, je suis repartie là-bas. Mon frère a eu un bébé, j'étais marraine alors je suis repartie là-bas.

C'était la première fois.

Brest était encore tout démoli, c'était des tas de pierres.

Après, je ne suis pas revenue souvent puisque je me suis mariée. J'ai eu les enfants.

Je suis d'ici maintenant.

On a chacun fait son nid ici. Une de mes belles-sœurs est d'origine italienne.

De Guipronvel – Finistère - en 1947
à Saint-Jean-de-Duras - Lot-et-Garonne

De Kernilis dans les années 1960
à Eymet - Dordogne

Mon mari est arrivé ici en 1947 avec ses parents, ses frères et sa sœur. Et puis il est revenu plus tard en Bretagne, c'est là qu'on s'est rencontrés. On s'est mariés en 1961. On est restés trois ans à Eymet, ensuite au Cap Ferret un ou deux ans, puis retour en Bretagne.

J'étais contente de partir au Cap Ferret, de voir le pays, j'étais jeune. Mais je ne me suis pas plue du tout. On était seuls avec la petite. Je me vois encore avec ma lessiveuse sur le gaz à faire bouillir les couches ! Ensuite, on est repartis en Bretagne où on est restés 38 ans.

Et puis, à la retraite, il fallait revenir ici. Il a passé son enfance ici.

Les enfants sont restés là-bas. Je n'ai personne ici. J'ai encore quatre frères et trois sœurs là-bas. Je suis née en 39. Mes premiers souvenirs, c'est la guerre.

Mon mari m'a raconté.

C'est son frère aîné et son père qui ont décidé le départ. Il m'a dit, quand il est arrivé ici, tous les fruits qu'il y avait ! Nous, à part les pommes, on n'avait pas grand-chose.

À l'école, un Italien lui a dit :

— Retourne dans ton pays, sale Breton !

De 1921 à 1924, le départ avait été organisé par les curés. Ils venaient chercher les terres et l'Office des agriculteurs donnait des subventions pour venir s'installer ici. Il y a eu plusieurs vagues.

Dans la pointe du Finistère, nous, c'était curé, curé, curé… C'était eux qui menaient tout, qui faisaient la loi. Il y avait les pères recruteurs : des prêtres qui passaient ou des religieuses dans toutes les familles :

— Vous allez bien en laisser un. Vous n'avez pas les moyens, on va payer pour lui.

Ça c'était la Bretagne. Quelque part, tous ceux qui sont partis comme ça ont bénéficié d'une instruction que les autres n'ont pas eu la chance d'avoir. Mon beau-frère était professeur après. Il a eu quand même son instruction, alors que ceux qui sont restés à la ferme, ils n'en ont pas eu. Ici les gens ils n'étaient pas très curé, ce n'était pas des gens d'église.

Et puis ici, il n'y avait pas beaucoup d'enfants, vous savez. Tandis que chez nous c'était des familles de huit, dix, quatorze même… Maman m'a raconté : les prêtres venaient et les femmes pleuraient, ils avaient de grands tableaux parlant du ciel et de l'enfer :

— Si vous avez des relations avec votre mari, c'est juste pour la reproduction, après c'est le péché mortel, vous allez vous confesser.

Ils étaient imprégnés de ça. Il y avait une cérémonie, je ne sais pas si elle a existé ailleurs qu'en Bretagne, une maman qui avait accouché, elle était obligée d'être bénie par le prêtre parce qu'elle avait fait un péché mortel. Elle mettait un manteau avec une capuche à la porte de l'église, le prêtre la bénissait, on appelait ça les relevailles.

Les riches familles étaient considérées par les prêtres. Il y avait des enterrements à trois étages : première classe, deuxième classe et troisième classe. Tapis rouge pour les mariages des familles qui pouvaient payer. C'était ça la religion. Maman, elle avait été élevée comme ça. Le Nord Finistère c'était comme ça. Une fille qui était enceinte, pour se marier, il fallait faire ça le matin, à huit heures, sans cloche, sans rien.

Ici aussi, les prêtres voulaient que les Bretons se marient avec des Bretonnes.

Ils organisaient les rassemblements religieux, les Pardons …

Maman faisait les pommes de terre le lundi soir dans la marmite. Elle ne servait qu'à ça cette marmite au coin du feu. Le lundi, c'était la journée du lavoir, tous les lundis. Alors, ma sœur et moi, quand on revenait de l'école, on trouvait le mot sur la table : les chaussures à faire briller et les pommes de terre à éplucher. Les chaussures, parce que le dimanche on était allés à la messe dans la bouillasse, et maman avait pris la peine de les mettre dehors pour les sécher un peu. Il fallait une qui brosse, l'autre qui cire et après faire briller.

On était huit. Quatre filles, quatre garçons. On était parrain et marraine à tour de rôle. C'est fort, c'est soudé.

Maman faisait les crêpes sur le feu. Papa coupait des fougères et quand elle avait ça, elle aimait faire les crêpes, à genoux devant le feu, c'était impeccable cette petite brassée. Elle mettait de l'œuf battu avec de la crème, ça c'était bon, c'était bon avec un verre de lait. Après, elle faisait encore un tas de plus, tant qu'il y avait de la pâte, pour le lendemain. Elle faisait des fois de la soupe, elle mettait les crêpes dedans, coupées en morceaux : de l'eau brûlante, de l'échalote fondue dans le beurre, on mettait ça sur les crêpes et puis voilà, ça faisait de la soupe aux crêpes. C'était bon, c'était bon !

En Bretagne, ils étaient nombreux avec des petites terres.

Je n'ai jamais entendu maman se plaindre. Huit enfants, papa était maçon, on avait deux ou trois vaches dont maman s'occupait. Papa l'aidait le soir mais jamais j'ai entendu ma mère se plaindre.

Il y avait les veillées, on jouait aux dominos, on mangeait des gâteaux.

Quand on gardait les vaches, on s'amusait avec rien, avec de l'herbe. Je tricotais et une fois la vache elle a mangé le tricot ! J'étais contente, du coup j'avais gagné ! On était comme ça.

Quand les stylos à bille sont sortis, on a eu notre orange et un stylo et on était contents. On s'amusait tout le temps avec des riens.

Là, c'est la photo de la maison de mon mari, il est né là. Il y avait la chambre à coucher, la cuisine, tout en même temps. Les lits-clos, pour couper la pièce, ça faisait des cloisons.

Ce n'est pas parce que tu es pauvre que tu n'as pas la même valeur que les autres. Papa racontait facilement le mal qu'ils ont eu à nous élever. Ils étaient pauvres mais ils avaient beaucoup de foi. Tu n'as pas besoin de grand-chose pour vivre. Quand tu donnes, on te donne. Leur fierté, c'était de voir que les enfants réussissent.

Papa était plus ouvert que maman. Maman ça lui faisait peine.

Nos parents, entre eux, parlaient breton et ils nous parlaient français. Mais quand je suis arrivée à l'école, il y avait des enfants de mon âge qui ne savaient pas un mot de français. C'est la religieuse qui apprenait. Je me rappelle, on mettait une d'entre nous sur la scène : ça c'est un jupon, ça la robe, mot par mot, ce que c'était toutes les choses.

Maman m'a dit, quand elle était à l'école, ils n'avaient plus le droit de parler breton. S'ils étaient pris dans la cour en train de parler breton, ils avaient une étiquette dans le dos et devaient faire le tour de la cour. Il n'y avait que des écoles religieuses.

A un moment, dans le village d'à côté, il y a eu une école publique. Un gars y a envoyé son fils, il n'y avait que deux élèves. Le dimanche, quand il est allé communier à la messe, le curé lui a refusé la communion parce qu'il avait mis son fils à l'école du diable.

Moi je parle toujours breton.

Je suis contente de le parler, je suis bilingue, breton-français.

Mais je ne peux pas parler avec ceux des Côtes-du-Nord, on ne se comprend pas.

Je crois que quand on a quitté sa région, là où on était, on a envie de s'accrocher un peu plus. On a envie de retrouver ses origines.

C'est peut-être avec l'âge aussi, je ne sais pas.

Vous voyez, des fois je ne sais pas d'où je suis.

Si je suis d'ici ou si je suis de là-bas.

Mais je sens que même quand on part comme ça, on s'attache encore plus à ses racines.

Le départ des cousins, vu de la Bretagne
Plouguenast – Côtes d'Armor

La ferme de Garmorin à Plouguenast est exploitée par ma famille depuis 1825. Comprenant 22 ha à l'époque, elle faisait partie des belles exploitations de la commune dotées de bonnes terres d'un seul tenant et de bâtiments conséquents. Dans les archives du comice agricole du canton, mon grand-père est régulièrement distingué aux concours de bétails et de chevaux...

En 1914, la famille est composée de neuf enfants, six gars et trois filles.

Cinq garçons sont mobilisés au cours de la Grande guerre. Pendant la durée du conflit, les trois filles et le dernier des garçons, aident au mieux leurs parents en participant aux travaux de la ferme.

Les cinq soldats reviennent sains et saufs de cette guerre ô combien meurtrière. La famille se retrouve réunie à Garmorin, après des années d'épreuves...

L'aîné des gars, reprend son commerce au Pontgamp, à Plouguenast. Le second retrouve la ferme de ses beaux-parents et de là, il s'en va exploiter une plus grande ferme à Loudéac. Le troisième des garçons, se marie et travaille avec son épouse dans la petite ferme des beaux-parents. En 1920, le jeune couple vient en fermage à la ferme des Landes, voisine de Garmorin. La petite exploitation s'étend sur des terres dispersées sur les hauteurs, autrefois recouvertes de Landes. Les bâtiments d'élevage sont modestes... Rien à voir avec la ferme de Garmorin...

À cette époque, les fermes de la région faisaient 10 ha en moyenne, sur lesquelles vivaient des familles nombreuses.

La densité de population était élevée dans les communes rurales bretonnes.

Quelques années après la guerre, un vent d'exode commence à se faire sentir, prolongeant le mouvement déjà engagé avant la guerre.

Les Bretons s'exilent vers la capitale surtout pour y chercher fortune. Les églises des diocèses bretons ont le souci d'accompagner et servir au mieux ces milliers de jeunes adultes, hommes et femmes, qui s'expatrient en région parisienne, découvrant une autre façon de vivre, un « nouveau monde ».

Mon oncle exploite pendant neuf ans sa petite ferme des Landes avec son épouse. C'est là que viennent au monde leurs deux premiers enfants.

Mon oncle aime son métier d'agriculteur. Il aurait aimé reprendre la ferme de Garmorin. Mais, comme le veut la tradition, son père doit attribuer la ferme au plus jeune garçon de la famille. En fait, c'est mon père, l'avant dernier des gars qui devient le successeur, son petit frère étant devenu prêtre.

À Plouguenast, mon oncle est parmi les premiers à participer à l'animation de rencontres d'agriculteurs, dans le cadre du syndicat local naissant, mis en place par l'Office Central de Landerneau. Il est à l'aise en public. Il a la parole facile et il aime les relations.

Sans doute, est-ce par le biais du syndicat qu'il a des informations sur cette opération de migration vers le sud-ouest. Dans cette région, des terres, des fermes ne trouvent pas preneurs. L'Office Central a mis en place une organisation pour conduire à bien cette émigration de jeunes paysans bretons en quête de terre.

L'oncle, séduit par la perspective d'exploiter une ferme plus importante, se décide à aller voir sur place. Accompagné d'un notaire, il visite une ferme à Lauzun. Des Bretons sont déjà installés dans la ferme voisine. Lorsque le voisin voit le notaire en compagnie de mon oncle, il s'approche discrètement pour glisser quelques mots au nouvel arrivant, en breton.

Mais l'oncle est du pays gallo, il ne comprend pas le message.

Il a appris plus tard que le voisin avait voulu le mettre en garde vis-à-vis du notaire qui, sans doute, vantait abusivement l'exploitation.

Ma tante n'est pas enchantée de partir. Mais leur couple est en pleine force de l'âge, leurs deux enfants grandissent.

Quelles ont été les conditions de leur départ ? Sans doute, comme pour toute « déménagerie », les voisins et la famille sont venus avec attelages et chars à bancs pour charger les meubles et leur contenu, ainsi que le matériel agricole et ménager... Les vaches et les chevaux étaient aussi du voyage.

Ce jour-là, un petit voisin âgé de cinq ans, gardait les vaches dans un champ avec sa sœur, en face de la ferme. C'était pour lui tout un spectacle. Une fois le chargement fini, le convoi s'est ébranlé, quand tout à coup, le petit lit d'enfant, perché sur le haut d'une charrette, est tombé sur la route chaotique. On a remis le lit en place et la « déménagerie » a pris la direction de Loudéac pour rejoindre la gare, à 12 kilomètres de là.

Un convoi spécial était organisé. Il était parti de Carhaix, dans le Finistère. Après avoir tout chargé dans les wagons, la famille, les voisins ont dit au revoir à leurs aventuriers qu'ils n'étaient pas prêts de revoir. Un moment émouvant sans doute, sur le quai de la gare...

En arrivant dans leur ferme à Lauzun, la famille a eu du cran, du courage pour tout installer et faire revivre une ferme plus ou moins abandonnée. Puis il a fallu s'adapter au pays, son climat, ses pratiques, engager des relations avec les voisins inconnus. Avec volonté et ténacité, ils y sont parvenus.

Un troisième enfant est né en 1930.

Mon oncle est décédé en 1939. Mon père était mobilisé pour acheminer des chevaux pour l'armée. Il n'a pas pu se déplacer pour les obsèques de son frère. Bien des années plus tard, mon père a tenu à assister aux obsèques de la tante. C'était la première fois qu'il se rendait à Lauzun. Il découvrit la région et la ferme de son frère. En arrivant sur les lieux, il se rendit compte de la réalité... L'exploitation n'était pas tout à fait l'eldorado que mon oncle était venu chercher.

J'ai repris la ferme de Garmorin après mon père. Aujourd'hui, c'est l'un de mes fils qui l'exploite. Nous sommes heureux d'accueillir les cousins de Lauzun chez nous, à l'occasion. Nous apprécions d'aller les voir aussi. Les liens sont toujours là.

* * *

Déjà en 2010, L'Amicale Laïque de Saint-Aubin-de-Cadelech avait collecté des témoignages oraux auprès des habitants de la commune et des communes environnantes ; témoignages restitués au public à-travers ***Les lectures De Saint Aubin***.

En 2011, L'Amicale poursuit la mise en valeur du patrimoine oral du territoire en le faisant connaître au plus grand nombre grâce à la mise en forme écrite et à la diffusion de ce recueil.

La connaissance et le partage de ces expériences de vie peuvent permettre à chacun d'y prendre place hier comme aujourd'hui et bien entendu demain.

Les collectes de témoignages ont été réalisées dans le cadre de « Mémoires de pays » avec le soutien des communes de Saint-Aubin-de-Cadelech, Sadillac et Eymet, la Communauté de Communes « Val et Coteaux d'Eymet » et du Conseil Général de la Dordogne.

Mise en forme écrite des témoignages oraux recueillis :
Claude Fosse, association Langage Pluriel

TABLE

Pages

Ouvrages disponibles aux Éditions Récits :

Récits de Bretons :

📖 La vie rurale entre les deux guerres - Joseph Rault alias Pierre Malitourne
Un témoignage riche sur divers aspects de la vie en centre Bretagne...

📖 Embrassez votre cavalière ! - Eugène Limon
Plus qu'une épopée musicale en centre Bretagne, Eugène nous raconte une époque rythmée par le son de l'accordéon.

📖 Un instituteur breton en Pays berbère - Guy Mahé
Guy à 18 ans lorsqu'il quitte la Bretagne en 1949 pour enseigner au Maroc. Il y restera 16 ans. Une aventure humaine riche en rencontres...

📖 Faits de vie d'un médecin breton - Dr Pierre Pinel
Dr Pinel relate son enfance à Plouha durant la 2ème guerre, puis son activité de médecin dans le Trégor, avec de nombreuses anecdotes...
Les droits d'auteur sont versés à la Banque Alimentaire 22.

📖 Pluie, neige, vent... nous marchions par tous les temps
Treize personnes nées entre 1910 et 1936 nous livrent une tranche de leur vie... dans le Mené.

📖 Nous n'avions jamais vu de Noirs !
Fin 1944, 300 tirailleurs sénégalais injustement traités arrivent dans un camp à Trévé (22). Des témoins de l'époque livrent leurs souvenirs...

📖 La liberté confisquée - Guy Mahé
1940 - 1945 ; Récit d'un enfant sous l'occupation.

📖 Je jette ma baleine à la mer - Laura Granny
Violences conjugales, des mots sur les maux
Laura a 18 ans lorsqu'elle rencontre celui qui va devenir son mari, le père de son enfant et rapidement son bourreau...

Romans :

- Derrière l'enclos... - Jérôme Lucas
- Coup de théâtre au Cithéa - Jérôme Lucas (Jeunesse)
- Châteaupauvre - Paul Féval (réédition)

Achevé d'imprimer
sur presse numérique
par AGN
29850 Gouesnou

Imprimé en France